一番やさしい
自治体決算の本

第1次改訂版

磯野隆一［著］

学陽書房

改訂にあたって

　この本が出版されてから7年が経過しました。その間に決算を取り巻く制度にいくつかの変化がありました。

　まず、平成29年の地方自治法改正による変化です。議会で決算が認定されなかった場合の措置や監査委員制度の見直し、そして内部統制の仕組みが導入されました。

　さらに、地方公会計（新しい公会計）も統一的な基準による財務書類作成マニュアルが示されたところです。

　これらを踏まえて、第1次改訂版として、本文をリニューアルしました。

　最初に、会計の考え方を簡単に見ていきましょう。会計は、株式会社などの企業だけのものではなく、家計や小遣といった身近なところにもあるのです。同様に、市役所などの自治体にも会計の仕組みがあります。その1年間の結果を集計して報告するのが決算です。

　次に、自治体の会計の決まりごとについて見ていきます。自治体の収入はそのほとんどが、つまるところ「税金」です。その税金で住民のみなさんへの行政サービスが行われています。税金を集めるにしても、行政サービスを提供するために税金を使うにしても、自治体のお金は法律によって収入・支出の方法が決められています。

　首長が原案を作り、議員が議会で決めた税金の使い途を予算といいます。これに対応する形で決算は作成されます。決算は、自治体の代表である首長が、予算のとおりに税金を使ったかどうかを報告するものです。決算は、首長から議会に提出され、議会のチェックを受けます。つまり、住民が選挙で選んだ首長や議員をとおして、税金の使い途が決められ、その結果が報告されるのです。

　その決算に用いられる書類が「歳入歳出決算書」など6種類あります。それぞれの書類の書かれ方や、その書類に掲載されている数値などの意味を簡単に見ていきます。また、決算書類だけでは分からない会計の情

4

報や財政指標で、総務省が公表している自治体決算のデータについても触れています。

　次に、地方公会計について見てみましょう。地方公会計では、法律で定められた決算書類ではなく、民間企業（株式会社など）と同じ考え方で作成された書類で、自治体の決算を行います。新たに作成される、貸借対照表などの財務書類の内容について説明していきます。

　最後に、自治体の内部統制について考えていきます。内部統制も民間企業と同じ考え方です。不正が起こるリスクを評価してＰＤＣＡサイクルを回して発生を防ぐ仕組みです。

　会計や決算の説明は、文章だけでは、ちょっと分かりにくいものです。そこで、この本では、伊地知太一君と国見千穂さんのお２人の対話によって、説明の補強をしています。２人は大学のサークルの先輩・後輩です。太一君は卒業後市役所に勤務。会計課に配属になって２年目です。千穂さんは大学３年生。公務員志望で、夏休みにインターンシップで市役所に来ています。千穂さんにとって、太一君はとても頼りがいのある先輩です。自治体の仕事や財政の仕組みに、はじめて接する千穂さんの目をとおして、会計や決算について理解していただければと思います。

　右肩上がりに経済が成長し、税収も順調に伸びていた時代においては、自治体の財政では、その増えた税収分を何に配分するかが課題でした。すなわち、予算の立て方が重要だったのです。しかし、低い経済成長が続く現在では、限られた財源をいかに過不足なく配分するか（予算）だけでなく、実際に効率よく効果的に使われたのか（決算）にも大きな関心が寄せられています。

　本書を手に取られたあなたも、そのような思いを持たれているものと思います。そのような方をはじめ、新たに決算事務に携わることになった職員のみなさんや議会で決算の審査を行う議員の方々にとっても、この本が決算に取り組む足掛かりとなればと思います。

　2019 年 8 月

　　　　　　　　　　　　　　　　　　　　　　　　磯野隆一

もくじ

改訂にあたって

第3章 バランスシートで見る自治体財政

1 自治体と株式会社ではどこが違うのか

2 自治体の財務書類を見てみよう

3 連結財務書類

4 バランスシートで分かること

第4章 正しい決算が作成されるための仕組み

1 不正を防ぐために

気がつけば、会計は そこかしこにある 序章

1 会計ってナニ？

ここがポイント

「会計」ってなじみがない、「決算」って分からない、と思っている人は多いと思います。でも、お金が動くところには必ず会計があります。そして、会計の結果をまとめたものが決算だと考えてみてください。

■ いたる所に「会計」あり

会計というのは、お金を計算して合わせることです。身近なところでは、家計簿やお小遣帳を付けるのも会計ですし、株式会社で日々の売上や仕入の計算をするのも会計です。お金が出入りするところで、それを記録していればそれは会計ということができます。

そして、国や自治体などでは、税金を集めて学校を造ったり、ごみの収集などのサービスを行ったりしています。学校を造ったり、サービスを行うために、工事費や人件費の支払をします。税金を集めること、工事費などを支払うことでお金が出入りしますから、国や地方自治体でも、当然、会計をやっています。

■ 会計の結果は「決算」に

決算というのは、その会計の結果をまとめたものです。家計簿やお小遣帳なら、毎月の給料日やお小遣日に合わせて、その月の出入りを合計します。株式会社では毎年行われる株主総会に向けて決算書を作成しま

すし、毎月、毎週、毎日のお金の出入りを合計して管理しています。国や自治体などの官庁でも毎年決算書を作成しています。

2 会計の目的は？

> **ここがポイント**
> 　会計の対象となる組織などには、その組織などが存在する理由や目的があります。会計の目的は、その組織などの目的によって異なります。組織の目的が達成されたかどうかを金銭面で測るのが会計の目的です。

▨ 組織の目的と会計

　それでは何のために会計や決算をするのでしょうか。

　会計の目的は、その会計を必要としている人や組織の目的と関係があります。家計簿であればその家族の、お小遣帳であればその個人の、株式会社の会計であればその会社の目的と結び付いています。家族や個人は自然発生したものなので、そもそも目的を持って作られたものではないでしょう。ですから、家族の目的というのは変な表現ですが、存在意義とでも言い換えれば、平穏な暮らしを続けることや老後の安心などがあげられそうです。

　株式会社は、ある目的のために作られたものなので、分かりやすいと思います。株式会社とは、株主が株を買って、そのお金で経営者が事業を行い、その儲けを株主に配当するためのものです。すなわち、株式会社の目的は、株主のお金を増やすことといえます。

　国や自治体などの目的はどうでしょうか。国民や住民の福祉の向上を図り、安心安全な生活を保障するのが目的です。国や自治体が企業のような経済活動をすることもありますが、これも最終的には、目的は国民や住民の福祉の向上などです。経済活動の結果、その儲けを税金を納めた人に配当するためではありません。

　組織や個人の目的は大きく2つに分けて考えることができます。1つ

は儲けて還元するもの、利益を上げて配当を行うという目的です。これを「営利目的」といいます。もう1つはそうでないもの、すなわち、利益を上げて配当を行うこと以外の目的です。これを「非営利目的」といいます。株式会社などの企業は、営利目的で運営されます。家計や官庁は非営利目的ということができます。

◢ 会計の目的は組織の目的による

それでは、会計の目的はこれとどう関係するのでしょうか。

営利目的である株式会社では、利益を上げて配当を行います。配当は利益からなされますから、利益の計算が必要になります。また、株主が持っている株の価値も重要です。株自体を売買することもあるからです。そこで株主が会社に出した元手（持分といいます）がいくらあるのかも計算しておく必要があります。営利目的の企業の場合、会計の目的は、利益を計算することと株主の持分を測ることです。

一方、非営利目的では、利益を上げることや配当をすることが目的ではありませんから、これらの計算は必要ありません。しかし、国や自治体などは、税金を集めてサービスを提供するためにお金を使っているのですから、お金がいくら入っていくら出ていったかは計算する必要があります。株式会社のような株主はいませんが、税金を納めたりサービスを受けたりする住民がいます。「住民の皆さんから集めた税金は、こういうサービスに使いましたよ」ということを明らかにする義務があるのです。これが非営利目的の組織などでの会計の目的です。

【営利組織と非営利組織の違い】

区　分	組織の例	説　明
営利目的	株式会社　有限会社　合資会社 合名会社　個人商店　など	はじめに元手があって、それを増やすことが目的であれば営利目的です。
非営利目的	国　地方自治体　財団法人　社団法人　NPO法人　学校法人　医療法人　社会福祉法人　任意団体（クラブ活動・OB会など）　など	国や自治体のように、国民の安全確保や福祉の向上から、会員の親睦を図る目的のクラブ活動やOB会まで色々あります。

「貸借対照表」と
「損益計算書」の違い

千穂 株式会社の決算書っていうと、「損益計算書」と「貸借対照表」ですよね。

太一 主なものは、その2つだね。損益計算書は、いくら売上げて、いくら費用がかかって、差し引いた利益がいくらになるのかを計算するんだ。

千穂 この利益が株主の配当になるんですか？

太一 全部を配当に回すわけじゃないけど、利益の範囲でしか配当はできないよ。

千穂 株主の持分はどこにでてくるんですか？

太一 それは貸借対照表で分かるよ。貸借対照表は、会社の「資産」、つまり将来の利益の元になるものと、「負債」、後で別の人に返さなければいけない義務が書いてあるんだ。将来の利益の元から返済しなければならない義務を引いたものが、株主の持分となるわけ。この株主の持分には、利益の内でまだ配当していない部分も含まれるよ。

千穂 非営利目的の場合は、損益計算書や貸借対照表は作らないんですか？

太一 同じようなものは作っているね。株式会社と同じようにその組織の持っている資産と返済しなければいけない負債はあるから、それを貸借対照表に書いている。非営利目的の組織の場合は、その差はその非営利組織が自由に使える資産を示してる。

千穂 損益計算書はないんですか？

太一 貸借対照表の資産と負債の差額の計算をするために損益計算書みたいな書類も作るよ。この書類の目的は、株式会社のように「利益がいくらでたか」ではなく、「使える資産がいくら手元に残ったか」を計算するものなんだ。

3　会計の使い方

> **ここがポイント**
>
> 　会計を使う人は大きく２つに分けられます。外部の利用者と内部の利用者です。投資家や住民などの組織の運営に直接関与しない外部の人は、投資や投票といった意思決定をするために、会計の結果である決算を利用します。経営者や首長などの内部の人は、状況の変化に適切に対応した意思決定をするために、会計情報を利用します。

◤ 外部の人の利用のために

　会計の結果をまとめた報告書の代表例は決算書です。これは１年間などの定められた期間内のお金の出入りの計算、つまり、会計をその期間の分集計したものです。この決算書はどう使われるのでしょうか。

　株式会社では、決算書を基に株の売買が行われたりします。株主は、利益が上がっており、期待どおりの配当が得られている株は持ち続けますが、利益が上がっておらず、配当が期待よりも少ない会社の株は売って、別の会社の株を買うなどの行動をとります。決算書は、株主の株の売買の判断材料になる訳です。すなわち、決算書は、決算書の利用者である株主の意思決定のための情報を提供しているのです。

　国や自治体などの非営利目的の団体でも、決算書は作成されます。住民は「この市は赤字だから別の市に引っ越そう」などと、決算書を基に住所地を移したりはしないものです。その代わり「この人たちに税金の使い途を任せて大丈夫かどうか」を判断して、市長や市議会議員の選挙の際の投票の参考にすることができます。ここでも、決算書は、決算書の利用者である住民の意思決定（投票）のための情報を提供しています。

　株式会社でも自治体でも、決算書は株主や住民といった外部の利用者のために提供される情報です。株主や住民は決算書によって、自分に関係する会社や自治体の状況を知ることができます。そして、その決算書を利用することによってどのような行動を取るかを決めることができる

のです。

内部で使う会計

これに対して、内部の利用者のためにも会計は使われています。

株式会社では、来年の製品の製造に係るコストを計算して必要なお金を用意したり、商品の販売量を見積ったりします。これらは、過去の記録を基に将来を予測するものです。この予測に基づいて、経営者は会社の経営に関する意思決定を行うのです。

国や自治体でも毎年予算を見積っています。経済情勢や社会情勢を見た上で、来年の税収を予測し、必要な行政サービスの量を見極めて予算書をまとめます。最終的に予算を決定するのは議会の仕事ですが、予算をとりまとめるのは、市長など首長の仕事です。首長は予算査定を通じて予算に関する意思決定を行っています。

自治体などの予算では、意思決定は首長などの内部の人だけが行っているのではないことに注意が必要です。住民の代表である議会が意思決定に加わることで、自治体外部の関係者である住民も間接的に意思決定に関わるという点です。

株式会社では、内部の経営に関する意思決定が外部に伝わることは稀です。しかし、自治体では、自治体の経営に関する意思決定であっても住民に情報を伝えられます。なぜなら住民は単なる税金の支払者でもサービスの受け手でもないからです。日々の意思決定こそしませんが、住民こそが自治体の中心となる構成員（主権者といいます）なのです。

会計は過去の記録・将来の予測

決算書は、過去のお金の出入りを会計で記録したものをまとめたものです。内部利用の予算などは、主に将来のお金の出入りを見積ったものです。いずれの場合も、株式会社や自治体の目的に沿ったものでなければなりません。

株式会社の目的は、利益を上げ株主に配当することです。決算書では会社の実績がどうだったかがまとめられています。予算などの将来の予

測は、より多くの利益と配当に結びつくような会社の意思決定に使われます。決算と予算とで、会計を使う人や使われ方は異なりますが、どちらも会社の目的と関連しています。

　自治体の目的は、住民の福祉の向上です。そのために税金を集め、行政サービスを提供しています。決算書では税金がどれくらい集まったか、行政サービスにいくら税金を使ったか、がまとめられています。予算では、税収の見込みはどうか、行政サービスにいくら使うのか、を見積っています。どちらも自治体の目的と関連しています。

4　会計とは

> **ここがポイント**
> 　会計の目的は、組織の目的によって異なります。会計の利用者には、組織の外部の人と内部の人があり、それぞれの意思決定のために会計を利用します。

◤ 2つの切り口

　会計を2つの切り口で見てきました。

　1つ目の切り口は、組織の目的による分け方です。組織の目的を営利と非営利に分けました。それぞれの目的に沿った会計があるのです。営利を目的とする株式会社では利益などの計算が必要でした。他方、非営利の自治体には税収や行政サービスにかかったお金を明らかにすることが求められているのです。

　2つ目の切り口は、会計の利用者による分け方です。外部の利用者と内部の利用者に分けました。株主や住民など組織の外部の人が会社や自治体の経営状態や実績を見るために使う、決算書などがあります。また、経営の意思決定を行う内部の人、株式会社であれば社長、自治体であれば首長が意思決定するための見積（予算など）もあります。

◢ 自治体の会計と決算 ──────────

　お金の動くところには「会計」がついてまわります。そして、その会計の結果をまとめたものが「決算」です。これから見ていくのは、非営利目的の組織である自治体の会計や決算がどうなっているかです。その会計を使うのは、自治体の内部者である首長（市長など）や議員、公務員である自治体職員です。それから外部者ではあるものの、税金を納め、サービスの提供を受ける、自治体の最大の利害関係者である住民のみなさんということになります。

なぜ会計が必要か

千穂　株式会社の会計や決算は法律で義務付けられてますけど、市役所の会計ってどうなってるんですか？

太一　市役所も法律で会計や決算について決められてるよ。千穂ちゃんはお小遣帳をつけているんだったね。これも立派な会計だよ。「こうしなくちゃいけない」っていうルールがあるわけじゃないけど。

　　　ところで、お小遣帳を何のためにつけてる？　やっぱり習慣で何となくかな？

千穂　そうですね……。習慣、っていうのが大きいですかね。

　　　でも、お小遣帳を眺めてると、色々分かることがあるんですよ。月末になって、お財布の中身がピンチになったときにお小遣帳を見てみると、やっぱり、服のほかに靴も買ってたり。

太一　お小遣帳も会計の一種だけど、単なる習慣でつけていたり、誰かに言われてつけているお小遣帳は、自分のための会計とは言えないよね。

　　　それに対して、そのお小遣帳で何かを管理したり、例えば、パソコンとか自転車とか、少し値の張るもので、何年かに１度買えばい

いものを購入するために、お小遣帳は利用できるよね。それらを購入するための貯金を積立てた上で、「服や靴に使う被服費はいくら」「外食費、交通費、ＣＤや本なんかの購入費はいくら」っていう感じで毎月の予算を決めて、その範囲でお小遣を使うようにする。

　そして、お金の出入りの具合をお小遣帳でチェックしていけばいいんだ。市役所の会計の目的は、お金の出入りを計算することだね。つまり、税金がいくら入ってきて、行政サービスにいくら使ったかを報告するために会計があるんだ。

千穂　お小遣の場合は、「いくら使ったか」っていうのは自分へのサービスのためだけど、市役所の場合は、「いくら使ったか」っていうのは市民へのサービスのためってことですね。

自治体マネーの動きを見る 第1章

1 自治体のお金はどこから来るか

ここがポイント

　自治体の収入の中心となるものには、地方税や地方交付税、国庫補助金、地方債などがありますが、それらはすべて住民（国民）が納める税金です。

■ 税金が収入の柱

　いよいよ、自治体の会計の世界へ入っていきます。自治体の会計も株式会社などの会計と同じように共通のルールに従っています。

　はじめに、自治体の会計の対象である、自治体を巡るお金の流れを見ていきます。そして、そのお金の使い途の決め方と使った後の報告の仕方を考えます。これは、予算と決算という2つの仕事になります。

　この予算と決算は、ルールに従って作られます。予算で決められたお金の使い方が決算で報告されますから、予算と決算は対応するようになっています。

　会社や家計と同じように、自治体にも入ってくるお金と出て行くお金があります。入ってくるお金を歳入、出て行くお金を歳出といいます。住民へのサービスは歳出の形を取ります。その歳出に必要なお金は歳入で賄われます。すなわち、歳入がなければ、自治体の仕事は何も始まらないのです。

　そこで、自治体の仕事を支える歳入について見てみましょう。住民へのサービスに必要なお金はどこから来るのでしょうか。

　住民のみなさんから見れば、税金は納めるもの。取られるもの。言ってみればお金が出て行くものです。一方、自治体の方から見れば、税金は入ってくるもの。それも一番大きな収入源です。

　税金には、国に納める国税と自治体に納める地方税があります。地方税には、都道府県に納める都道府県税と市町村に納める市町村税があります。

　また、税金を払う人とそれを負担する人が同じ人であれば直接税、異なっていれば間接税という風に分けられます。給料から天引きされる所得税は直接税の代表的なものです。買い物をするときに商品の価格に上乗せされている消費税は間接税です。

　それでは、自治体の収入の中心となっている地方税の主なものを見てみましょう。

【市町村歳入の内訳】

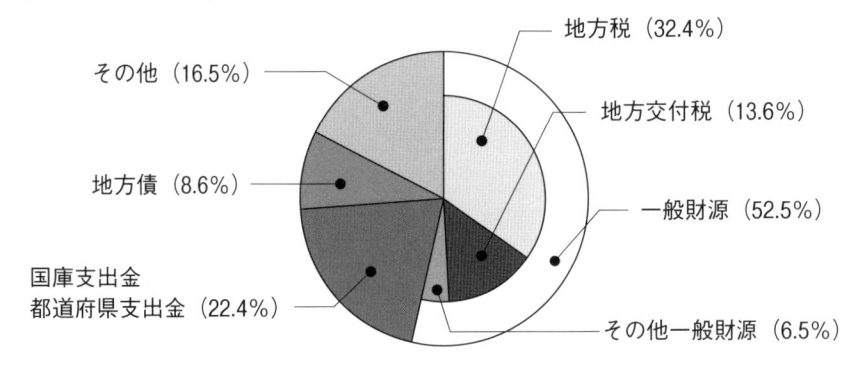

（平成31年度版　地方財政白書（平成29年度決算）より）

○ 住民税

　これは、自治体に住んでいる人とそこで事業をしている会社（法人）が払う税金です。住んでいたり事業をしていると、ごみの処理や道路の清掃など何らかの形で自治体のサービスを受けています。そのサービスを支えるためには、住民みんなでお金を出し合うことが必要となります。

　均等割という一律の額になっている部分と所得に応じて変わる所得割（会社であれば納めている法人税額に応じて変わる法人税割）の合計金額を納めます。

○ 固定資産税

　固定資産税は、市町村税です。土地や家屋などを所有する人が、その資産が存在する市町村に納めます。市町村では住民税（市町村民税）の次に大きな収入となっています。

　固定資産税は、土地や家屋などの評価額に応じて税額が決定されます。

○ 事業税

　事業税は都道府県税です。事業を行っている会社や個人が、事業を行っている都道府県に納めます。事業を行うために、都道府県から道路の整備などのサービスを受けていることが税金の根拠とされています。都道府県では住民税（都道府県民税）の次に大きな収入です。

　事業税は、事業の所得に対してかかります。事業が赤字のときは、納めなくていいので、景気の影響を受けやすい税金です。このため、大きな企業に対しては、赤字黒字に関係なく、事業の規模などに応じて税額を決める方式が導入されています。

◢ 地方交付税 〜これも税金〜 ─────────────

　地方交付税は、国が集めた税金の一定部分を都道府県や市町村に交付する制度です。都道府県や市町村が自分の自治体で集めた地方税だけでサービスの提供ができればいいのですが、実際は人口が多いところや少ないところなど、税金を集める（納める）能力にはバラつきがあります。このような、自治体ごとの差を調整するための制度です。

　普通地方交付税と特別地方交付税がありますが、ここでは普通地方交付税について説明します。普通地方交付税は具体的には次のように計算されます。

　まず、自治体の人口や面積などに応じて、サービス提供に必要な支出見込額が決められます。これは、実際に支出するかどうかではなくて、標準的なものとして計算されます。そして、自治体が集めるであろう税金の額の75％をその支出見込額から引いて、その不足分を地方交付税として国から受け取ります。

　税金の額の75％というところがミソです。自治体が一生懸命、税金を増やしても全額が地方交付税の計算に入ってしまうと、結局、地方交付税がその分減ってしまいます。それでは努力が報われません。

　なお、支出見込額を税収入（の75％）が上回っている比較的裕福な自治体には、地方交付税は配られません。

　地方交付税は国から交付される収入ですが、元々は国民（必ずしも受け取った自治体の住民とは限りませんが）の納めた税金です。

◢ 国庫補助金・都道府県補助金 〜やっぱり税金〜 ─────

　国は、道路網の整備や子育て支援などの国の政策を、自治体に行ってもらうために、補助金を出しています。まず、国の省庁（国土交通省や厚生労働省など）が日本国全体の道路網や子育てのあり方についての政策を考えます。そして、その政策に沿ったサービスの提供を自治体が行いやすいように、国がお金を出します。これが国庫補助金です。普通はかかった費用の半分とか1/3とかを補助します。残りは、サービスを提供する自治体が負担します。

この国庫補助金の元は、国民（これも受け取った自治体の住民に限りません）が納めた国税です。つまり、所得税や消費税の形で国庫（国の金庫です）に入ったお金が自治体に交付されてくる訳です。

都道府県補助金も同じ仕組みです。都道府県が政策を定めて、市町村がそれに沿ったサービスを提供する。そのサービス提供にかかった費用の一部（半分とか1/3とか）を都道府県が補助金として支出します。残りを市町村が負担するのも国庫補助金と同じです。

この都道府県補助金も元は税金です。都道府県民税として住民が納めた税金が補助金として市町村に交付されます。都道府県補助金の中には、国庫補助金が財源になっているものもあります。国から都道府県に補助金が交付されて、それに都道府県がお金を足して、市町村に補助金として支出する仕組みです。例えば、あるサービスの提供にかかる費用の半分を国が負担し、1/4を都道府県が、残りの1/4を実際にサービスを提供する市町村が負担するというものです。この場合なら、そのサービスにかかる費用を国税で半分、都道府県民税で1/4、市町村民税で1/4で賄っていると考えていいでしょう。

◢ 地方債を返すのは将来の税金から〜つまり税金〜

地方債というのは、自治体が発行する、資金調達をするための債券のことです。これもお金を集める主要な方法ですが、原則として、地方債を財源にできるのは建設事業だけです。道路を造ったり、橋をかけたり、公園や学校を造るときに、その建設費の一部に地方債を充てます。道路や橋、公園、学校は、今そこに住んで生活している人だけが利用するのではありません。将来そこで生活する人もその施設から恩恵を受けることになります。そこで、それらの施設の建設に当たって、財源の一部を将来そこで生活する人に負担してもらってもOKという訳です。

地方債を返す財源は将来の税金ですから、これは税金の前借なのです。

◢ 使用料 ——————————————————————————

使用料は、公民館やコミュニティセンターを利用したり、水道や下水道を使うことによって自治体に支払う料金です。いままで見てきた収入は、元々は（最後には）住民が支払う税金でした。使用料はどうでしょうか。

使用料と税金には大きな違いがあります。使用料はある施設などを使用した人が、そのサービスを受けた分だけ支払うものです。それに対して、税金は納付する自治体や国からサービスを受けているかどうかにかかわらず支払うものです。サービスを受けた量も関係ありません。とはいえ、公共目的で造られた施設の使用料は、実際にかかっているコスト（建設費、人件費、電気料金など）のすべてを賄うようには設定されていないことが多いのです。この場合は、使用料で賄いきれない部分をその他の財源（先に述べたようにどのような形でもつまりは「税金」です）で補っています。

施設の使用料は安いに越したことはありませんが、その安くなっている分を他の住民（その施設を使っていない人）が税金で負担していることを知っておく必要があります。

2　役所の台所の主役は誰だ？

> **ここがポイント**
>
> 　自治体の収入の中心が税金であるならば、その使い途を決めるのも住民です。住民が選んだ議員が税金の使い途を決め、決算を通じてその結果をチェックします。

◤ 税金の使い途を決めるのは

　自治体の台所を支えているのは、結局、税金ということがわかったと思います。色々な名前が付いていても、みんな税金が形を変えて色々なところから集まってきたもの。すなわち、元は住民のお金ということです。

　自治体ではそのお金を使っていろいろな仕事をしているわけですが、その使い途の決め方を見ていきましょう。住民が出したお金ですから、住民がみんなで集まって使い途を決めるというのが分かりやすさでは一番です。しかし、住民全員が集まるというのは、大きな市や町では難しいところがあります（現実的ではありません）。

　そこで、住民の代表が集まって決めよう、というのが現在、すべての自治体で行われている議会制度です。住民が選挙で選んだ県議会議員や市議会議員が、議会を開いて条例や予算を決めているのです。税金の使い途を決めているのは、住民の代表である議会なのです。

　議会では税金の使い途を予算という形で決めています。自治体では、1月から2月の頃に都道府県知事や市町村長（自治体の代表者を首長といいます）が、4月から3月までの1年間の税金の使い途を見積って、予算書を作成します。これを議会に提案し、議会が承認（議決）することで予算が決まります。首長は、その1年間、自ら見積り、議会が承認した予算に従って、住民サービスを行うことになります。

　税金を納める住民は、選挙で、税金の予算の決定に間接的に関わることになります。予算を見積る首長（市長など）を選び、予算を承認する

議会の議員を選びます。住民は自分たちの代表者を選ぶことによって、自分の考えを税金の使い途に反映させています。

税金の使い方を任せるということ

住民が納めた税金の使い途を、住民が選んだ代表である首長が見積り、同じく住民が選んだ代表である議会の議員が承認します。これが予算です。

首長は予算に従い、住民サービスのために税金を使います。首長は、税金を使った内訳を1年分まとめて報告書を作ります。これが決算です。

首長は決算を議会に提出して、内容を説明します。議会はその内容を審査して、承認します。こうして、税金の使い途は住民の代表を通じて決められ、チェックされることになるのです。

【予算の成立】

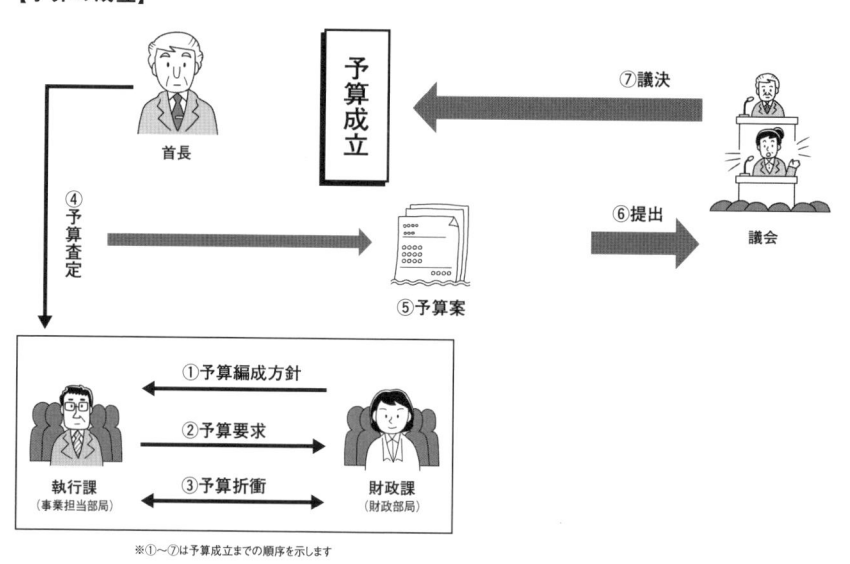

※①～⑦は予算成立までの順序を示します

地方交付税・国庫補助金・地方債の違い

千穂　地方交付税って国からもらえるお金ですよね。地方交付税っていう制度は何のためにあるんですか？

太一　地方自治体が住民からお金を集める力、すなわち、財政力に違いがあるので、それを全国で均すための制度だよ。自治体っていうんだから、本来であれば住民が受けるサービスは、その住民が出し合って賄うべきだよね。

　　でも実際は人口が集中している大都市部では税金を払う人が大勢いるのに対して、過疎化が進んでいる地方ではそういう訳にはいかない。

　　でも、その住民が国民として受けることができるサービスは大都市部と地方でそれほど違うわけではない。そうすると、大都市部で集めた税金を地方に再配分して調整する必要が生じるんだ。

　　地方交付税の元は国税、国の税金なんだ。国税の種類ごとに一定割合を地方交付税として地方に再配分するというルールになってる。だから、地方交付税の元になる税金は、地方交付税を受け取っている自治体の住民を含めた全国の国民が納めたものだよ。でも、人口が多い大都市部で納められた国税が地方の自治体に配分されるという流れにはなるね。

千穂　人口の多い大都市部でも、人口の少ない地方でも、全国で同じようなサービスが受けられるために必要な制度なんですね。国庫補助金も元は国の税金ですよね。地方交付税とはどこが違うんですか？

太一　国から交付された地方交付税は使い途に制限がない財源になる。一般財源っていう言い方をするけど、どんな目的に使っても構わないし、後から何に使ったという報告をする必要もない。

　　国庫補助金は国の政策を地方自治体が実施しやすいように、その

政策実施に係る費用の一部又は全部を国が負担する制度なんだ。だから、使い途や使える額も基準があって決められてる。そして、事業が終わったら、確かに国の政策に沿った使い方をしたことを報告する必要があるよ。

千穂　株式会社も社債を発行しますよね。地方債もそれと同じようなものですか？

太一　債券という意味では同じだね。実際、市場で公募して発行する地方債は、社債と同じように格付会社の評価を受けていたりする。地方債を引き受ける投資家も株式会社の社債と比較して地方債を購入したりするから、経済的な意味では大きな違いはないだろうね。

　社債は、社債で調達した資金で工場を造ったりして、その製品の売上を原資に社債を償還していく。お金を借りることで事業を拡大させていくし、その返済はその事業活動そのもので行うわけだね。

　それに対して、地方債で調達した資金で道路を造ったとしても、その道路自体からはお金は回収できない。道路ができて便利になることによって、住民が増えたり、工場ができたりして、税収がアップするってことはあるかもしれないけど、直接は関係がないよね。

　でも、道路が使えることの恩恵は、道路を造ったときに住んでいた人だけが受けるんじゃなくて、将来、そこに住んだ人にも及ぶことになる。だから、将来の住民が納めるであろう税金をあてにして、地方債を発行することができるんだ。

　だから、その年限りで使い切って後に残らない経費、例えば職員の給料や福祉の給付金などに地方債は充てられないのが大原則なんだ。

3　会計の決まりごと

> ⦅**ここがポイント**⦆
>
> 　自治体のお金の使い方、会計の方法は、憲法や地方自治法で決められています。また、予算や決算についても、必要な書類やその内容が地方自治法、地方自治法施行令などで決められています。

✎　憲法

　憲法は、私たち日本人が守るべき根本のルールが記されているものです。すべての法律や条例は憲法に基づいて制定されます。また、憲法に違反した法律や条例は無効です。

　自治体の財政に関わってくるところを見てみましょう。

○　税金に関する決まり

> **第30条**　国民は、法律の定めるところにより、納税の義務を負ふ。

　憲法では、「教育の義務（第26条）」「勤労の義務（第27条）」とこの「納税の義務（第30条）」を定めています。これらを「国民の三大義務」などといいます。

　ここで注目したいのは、「納税の義務を負う」という部分と「法律の定めるところにより」という部分です。つまり、「法律で定められない限り、税金を納める必要はない」ということです。

> **第84条**　あらたに租税を課し、又は現行の租税を変更するには、法律又は法律の定める条件によることを必要とする。

　租税というのは、国や自治体が国民や企業から強制的に徴収する金銭などのことです。ふつう「税金」といえば、租税のことを指します。現在では、相続税で土地による物納がありますが、それ以外は金銭で納税することになっています。

○ 国家財政に関する決まり

次に国の台所事情、国の賄いについてはどう定められているでしょうか。

国の財政は、第83条から第91条で定められています。ここでは要点だけを押さえておきます。

> ○ 国の財政の処理は国会の議決に基づいて行わなければいけません。（83条）
> ○ 国費（国のお金）を支出するためには国会の議決に基づかなければなりません。（85条）
> ○ 内閣は毎年度の予算を作成し、国会の議決を経なければなりません。（86条）
> ○ 国の決算は会計検査院が検査します。内閣は決算を国会に提出します。（90条）

国のお金を使うのは内閣（各省庁）ですが、使い途や使い方については国会の議決が必要だということです。また、使った結果は、会計検査院の検査を受けなければなりません。そして、その結果は国会に報告されることになっています。

○ 自治体に関する決まり

地方自治については、第92条から第95条で扱われています。

> **第92条** 地方公共団体の組織及び運営に関する事項は、地方自治の本旨に基いて、法律でこれを定める。

「地方自治の本旨」というのは、住民自治と団体自治を指すといわれています。住民自治は、自治体のことはその自治体の住民が決めるということです。団体自治というのは、自治体の区域で行われる公共の事務は、その自治体の意思でやるということです。そして、この考えに沿うように、法律が定められています。後で説明する「地方自治法」がそれです。

> **第93条** 地方公共団体には、法律の定めるところにより、その議事機関として議会を設置する。
> ② 地方公共団体の長、その議会の議員及び法律の定めるその他の吏員は、その地方公共団体の住民が、直接これを選挙する。

　地方公共団体の長、すなわち、知事や市長と議会の議員は、住民の選挙で選ばれることが決められています。市長や議員は、誰かに任命されるのではなくて、市民が選んだ代表ということです。

> **第94条**　地方公共団体は、その財産を管理し、事務を処理し、及び行政を執行する権能を有し、法律の範囲内で条例を制定することができる。

　財産には現金なども含まれますから、自治体は納められた税金を管理して、事務を行う権限があるということです。そして、条例を作って住民や自治体自身にそれを守らせることができます。

> **第95条**　一の地方公共団体のみに適用される特別法は、法律の定めるところにより、その地方公共団体の住民の投票においてその過半数の同意を得なければ、国会は、これを制定することができない。

　これは特定の自治体にだけ不利益があるような法律を国が定めるのを防ぐためのものです。

◢ 地方自治法と地方自治法施行令、地方自治法施行規則

　憲法には、自治体の運営やお金の使い方などについて「法律でこれを定める」「法律の定めるところにより」と書いてあります。その法律の定めが地方自治法です。そして、地方自治法施行令と地方自治法施行規則という、国の命令には、地方自治法を実際に使うときの細かい決まりが書かれています。地方自治法では、お金の使い方や財産の管理方法は、「財務」という項目の中で決めています。ここでは財務の項目で、よく使われる鍵となる用語を見ていきましょう。

○ 会計期間〜期首と期末を設定する〜

　自治体の会計年度は、4月1日に始まり、翌年3月31日に終わります。しかしながら、会計年度の中で発生して、年度内に終わらなかったお金の出し入れは、5月31日までできることになっています。

　会計をするためには、いつからいつまでのお金の出入りを記録するか

を決める必要があります。そうすることによって、その期間において、お金が足りたのか足りなかったのかの判断ができるようになります。自治体は税金を納めてもらって、それを使ってサービスを提供しています。ですから、税金で賄いきれたのか、足りなかったのかを判断するためには、記録をつける期間を定める必要があるのです。地方自治法では、年単位で会計をすることを決めています。毎年4月1日に始まり翌年の3月31日に終わる会計年度がそれです。そして、会計年度における支出（歳出といいます）は、その年度の収入（歳入といいます）で賄わなければならないと決められています。つまり、1年間で納めてもらった税金の範囲でその年度のサービスを提供しなければならないのです。

　しかし、実際には、3月に購入したものの支払などで3月中（つまり会計年度中）に支払が終わらないものもあります。また、3月に発生した税金や使用料などの収入で、3月中に受け取れない場合もあります。そのため、そういう支払や収入は5月31日まで行えることになっています。この2ヶ月間を出納整理期間といいます。この、4月1日に始まること、3月31日に終わること、5月31日にお金の出し入れが締め切られることは、自治体の決算に大きく関わってきます。

【会計年度と出納整理期間】

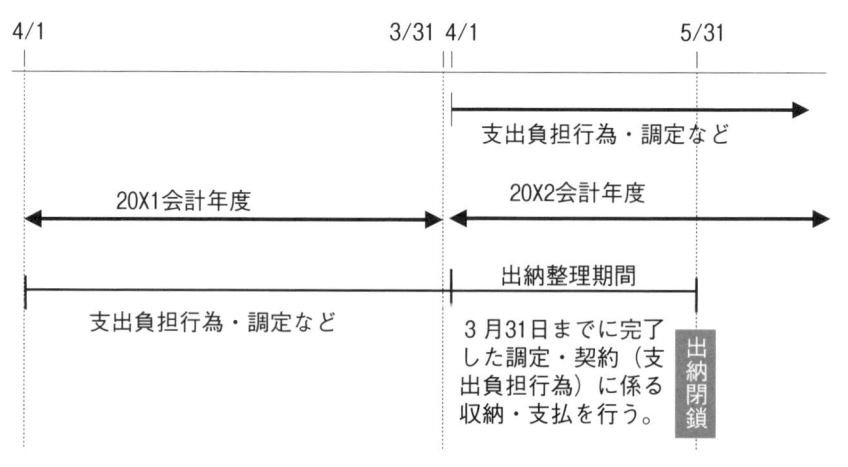

○ 予算〜収入と支出のグランドデザインを決める〜

　会計年度における収入と支出はすべて歳入歳出予算に入れなければなりません。予算は首長が作成して、会計年度が始まる前に議会の承認（議決）をもらう必要があります。

　予算は、自治体の台所の大本となります。自治体のお金の出入りは、すべて歳入歳出予算に計上されているわけです。予算が付かなければ、行政サービスの提供はできません。言い換えれば、「ある行政サービスを提供する」ためには、その「予算を確保しなければならない」ということです。

　予算は市長が作成します。大体、前の年度の秋くらいから自治体の執行課（実際に行政サービスを提供する部署など）では予算の見積を始めます。次の年度に予定している行政サービスの内容と量を決めて、それに必要な費用を計算するのです。一方で、入ってくるお金も見積ります。住民税収入の見通しや国庫補助金などの収入見込額です。この収入見込額の中に支出額を収めなければならないのです。行政サービスの量、例えば、ごみ収集の分量などの見込みが少なすぎて、お金が足りなくなると、行政サービス、ごみの収集ができなくなります。このため、十分な支出額を確保しておきたいのが執行課の本音です。しかし、執行課の見積を単純に合計すると収入見込額を上回ることがほとんどです。そこで予算の査定というのが行われ、事業の量や必要な金額を収入の範囲に収まるように削っていきます。1年間の行政サービスの内容と量に関わりますから、最終的には首長が直接査定を行って、予算案をまとめることになります。

　こうして作成した予算案を、年度開始前の2月か3月に首長（市長など）が議会に提出します。そして、議会ではその内容を審議し、必要に応じて修正した上で予算案を議決し、予算が成立します。これは、会計年度が始まる前に行う必要があります。

○ 歳入歳出予算〜1年間におけるお金の出入りを見込む〜

　ふつう「予算」といえば、歳入歳出予算のことを指します。自治体の

収入と支出のすべては、この歳入歳出予算に計上されます。歳入というのは、その年度の収入という意味で、歳出はその年度の支出という意味です。

歳出は予算に縛られることになります。予算で議決された金額を超えて支出することはできません。「予算が足りない」という表現は、「このままでは歳出予算が予算を超過する」ということを指します。すなわち歳出予算額は支出の限度額を示しているのです。

歳入は予算額を超えて収入することができます。税金を納めにいったら、「予算額を超過したので受け取れません」ということはありません。歳入予算額は収入の見込額なのです。歳入の予算で問題になるのは、予算額に達しないときです。収入見込額に合わせて歳出予算を組んでいますから、実際の収入額が歳入予算に届かないと歳出予算のすべてを執行することができなくなります。そうすると、予定していた行政サービス全部を行うことができません。

このため、きちんと見通しを持って歳入予算を作っておくことが必要です。

歳入予算は、性質別に組まれます。税金は「市税」とか「県税」に、公民館の使用料は「使用料及び手数料」、国からの補助金は「国庫支出金」、借入金は「地方債」という具合です。

歳出予算は、行政目的別に組まれます。福祉を充実させるための「民生費」や保健医療のための「衛生費」、道路建設を行う「土木費」、学校運営のための「教育費」という具合に、お金がどの行政分野（行政目的）に使われるのかを決めておくのです。

○ 会計年度を越えて支出できる予算～会計年度独立の原則の例外～

自治体の歳出は1会計年度の間に行わなければなりません。契約から支払いまでが同じ会計年度、すなわち4月1日から3月31日までの間で行われる必要があります。このため、履行期限（納品や仕上り）が3月31日を越えるような契約を結ぶことはできません。しかし、大規模な工事のように着手から完成まで数年を要するものもあります。そこで、こういう場合は、支出の例外を予算に定めておくことができます。「継

続費」「繰越明許費」「債務負担行為」がこの例外です。これらを予算で定めておけば、1会計年度を越えた契約を結ぶことができるようになります。

○ 収入〜その内容と収入の仕方〜

　自治体は、法律の定めにしたがって地方税を集めることができます。分担金や使用料、手数料を法律や条例の定めにしたがって受け取ることができます。法律と予算にしたがって地方債を起こすことができます。

　収入の仕方も、法律で決まっています。まず、納める内容や納める人が間違っていないかどうかを調査して、納めてもらう金額を決める必要があります。これを調定（調査＋決定が語源）といいます。そして、その納めるべき人に書面で通知しなければならないことになっています。入場料などの場合は、掲示とか口頭でも構いません。

　納める人は、書面で通知をもらったら、指定された納付場所（普通は役所の窓口か銀行）に現金を持っていけば支払（納入）ができます。また、証紙という切手のようなシールを買って、それを書類に貼って納める場合や、口座振替、小切手、クレジットカードなどが使える場合もあります。

○ 支出〜その内容と支払の仕方〜

　自治体が支出の原因となる契約などを結ぶときは法律や予算に従って行う必要があります。支出は首長の命令で会計管理者が行います。自治体がお金を支出するには、物を買う、工事を頼む、清掃してもらうなどの、支出しなければならない理由が必要です。買った物が届いたとき、工事が完成したとき、清掃が終わったとき、に支払をするのは当然ですが、その時になって予算が足りないということになると困ります。そうならないために、自治体では、支出の原因となる契約を結ぶときに、予算や法律に違反していないかをチェックしてから契約します。これを「支出負担行為」といいます。契約をした首長（の命令を受けた執行課）が会計管理者に「支出してください」と命令すると、会計管理者が支出をすることになります。

　もう少し細かく見てみましょう。執行課（実際に仕事をするのは執行課ですから、首長の部分を執行課に置き換えます）が、工事請負契約を結びます。契約の相手方が契約どおりに仕事をして工事が完了しました。執行課（検査専門の課を置いている場合もあります）が工事の検査をして合格を確認します。執行課が支出の命令をします。そして、会計管理者が支出します。

　支出の命令を受けても、会計管理者は直ぐに支出する訳ではありません。ここでもう一度、契約が予算や法律に違反していないかどうかを確認します。さらに、契約の相手方がきちんと契約どおりに仕事したかどうかも確認します。それから支出することになります。

【契約締結から支払まで】

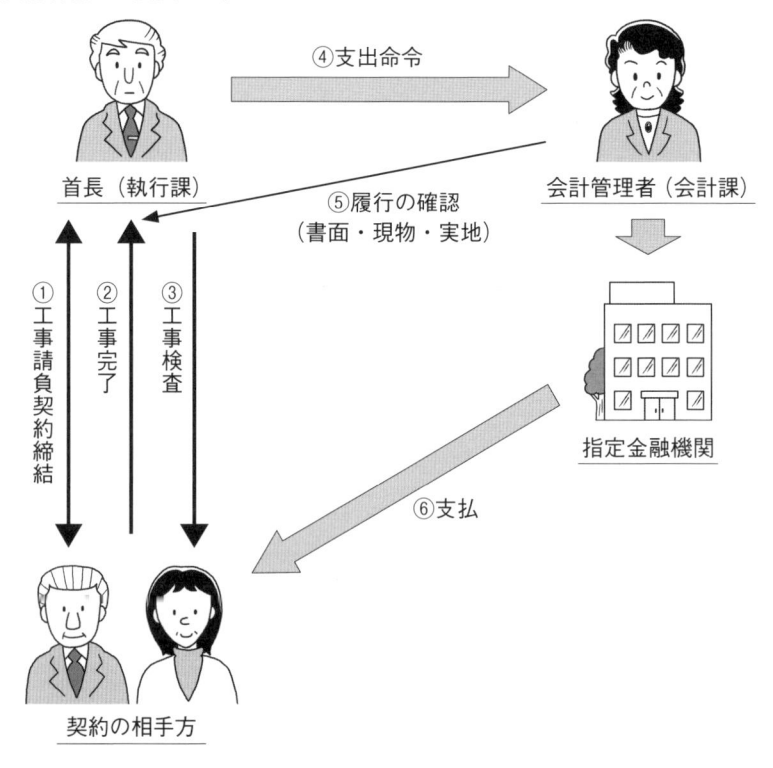

○　決算～ルールに則って使い途を報告する～

　会計管理者は、毎年度、決算を作らなければなりません（予算を作るのは首長（市長など）でしたね）。決算は首長に提出されます。首長はその決算を監査委員の審査にかけ、議会に認定してもらいます。

　自治体の決算は会計管理者が作ることになっています。決算は毎年、歳入歳出予算に対して作ります。予算には、歳入歳出予算以外にも継続費（会計年度独立の原則の例外として定めるのでした）などがありますが、決算では歳入歳出予算だけが対象になります。継続費や債務負担行為、地方債なども、最終的には歳入歳出予算の中で執行されることになるからです。継続費の年割額も債務負担行為で負担した額も支払うときには、その年度の歳出予算として支出されます。地方債も借りるときは歳入ですし、償還するときは歳出なので、やっぱり歳入歳出予算としてお金のやりとりをすることになります。

　決算は、会計年度が終わって、出納閉鎖後（出納整理期間終了後）3ヶ月以内に作って首長に提出しなければなりません。出納整理期間が5月31日までですから、8月31日が締切ということになります。提出するのは、「歳入歳出決算書」「歳入歳出決算事項別明細書」「実質収支に関する調書」「財産に関する調書」の4種類です。首長が受け取った決算書は監査委員の審査を受けて、その意見書をもらいます。そして、主要な施策の成果を説明する書類と合わせて、議会に提出し、その認定を受けることになります。議会では、決算を不認定とすることもできます。この場合、首長等は、必要な措置を講じたときは議会に報告しなければなりません。

　議会の認定の期日は自治体では決められていませんが、首長が議会の認定のために決算書類を提出するのは、次の予算を審査する議会まで、となっています。予算の審査をするのは、2月又は3月の議会なので、この議会までに出さなければなりません。しかし、首長としてはできるだけ早く審査してもらって、次の予算に反映させたいと考えているため、実際は9月や12月には議会に提出している場合が多くなっています。

決算の内容については、後で詳しく説明したいと思います。

○ 契約～契約手続と契約書～

　自治体が契約を結ぶときは、一般競争入札、指名競争入札、随意契約などの方法で行います。

　自治体における普通の契約は、民法に則って結ばれます。契約の中身については民法が適用されるので、自治体も民間の企業や個人と同じということになります。しかし、相手方の選び方や価格の決め方は、地方自治法で決められています。相手方や契約金額を決める原則は、一般競争入札です。また、入札参加者をこちらから指名して入札を行う場合もあります。さらに、相手方が限定される場合は、随意契約といって入札を行わないで契約する場合もあります。

　相手方と契約額が決まったら、金額が大きいものであれば、議会の議決が必要なものもありますが、それらの手続を経て契約を結びます。契約を結ぶときは、首長と相手方がそれぞれ記名押印して契約書を作ることになっています。契約書がない場合でも、契約が確定しないだけで、入札で決まった相手方に「落札した」と通知した時点で民法的には契約が成立することになります。

○ 現金と有価証券～常に有り高をチェックする～

　自治体は銀行にお金の取扱いを行わせています。監査委員は毎月現金の出し入れを検査します。自治体のお金は、安全で金利が高い方法で、銀行などに預けておかなければなりません。

　自治体では金融機関を指定して、そこにお金の出し入れを頼んでいます。自治体が出した納入通知書を持ってその銀行にお金を払いに行くと、その銀行がお金を受け取った時点で自治体のお金になります。役所の窓口に来た人が支払ったお金は、そのまま市のお金ということになります。

　自治体のお金は、その指定金融機関に日々の支払に必要な金額を預けてあります。余剰金があって、しばらく使わないようなときは、年間の

資金計画に基づいて定期預金などで運用もしています。預金先は、指定金融機関ではない金融機関の場合もあります。

　監査委員は毎月現金の検査をしています。毎月、日を決めて検査します。銀行のお金の残高とその月のお金の出入りがきちんと合っているかどうかを検査するのです。

○　時効〜いつまでも債権があるわけではない〜

　自治体のお金に関する時効は 5 年間です。ただし、民法など他の法律の時効が適用になる場合は、そちらが優先されます。

　時効というのは、未納になっているお金を払わないでいると、取り立てることができなくなる制度です。このため、時効が来る前になんとか払ってもらえるように努力する必要があります。きちんと払う人と時効などで払わないで済んでしまう人がいることは不公平です。

○　財産〜現金以外の経営資源〜

　地方自治法では財産を、公有財産、物品、債権、基金としています。公有財産は行政サービスに使うものとそれ以外のものに分けられます。この内容は、後で決算書の項目の中で説明します。

○　住民による監査請求と訴訟〜税金の無駄遣いをチェック〜

　違法や不当な支出があるときは、住民は監査委員に監査請求ができます。また、その結果やその結果への対応に納得できないときは、裁判所に訴えることができます。

　自治体のお金（公金）の使われ方がおかしいと感じた場合は、納税者である住民は訴訟を起こすことができます。しかし、まずは、その証拠（おかしい理由）を添えて監査委員に監査をするように請求しなければなりません。実際にそういう事実があるかどうかを、監査で明らかにして、首長が何か措置を取らなければいけない場合は、監査委員はそれを勧告します。そしてその監査結果を請求者に通知します。もちろん、何もなければ（おかしい理由がなければ）棄却（請求に理由がないという

決定）することになります。

　その上で、その監査した結果に納得がいかない場合は、請求者は、裁判所に訴えることになります。

自治法と自治体の会計ルール

千穂　自治体の会計ルールは、地方自治法で決まっているんですね。

太一　そうだね。地方自治法は、会計だけでなく、議会や執行部の組織、条例の制定など、自治体のあり方について様々なルールを定めているんだ。

千穂　自治体のあり方ですか。

太一　会計に関係する根本的なところでは、第2条に「地方自治体は、その事務を処理するに当っては、住民の福祉の増進に努めるとともに、最少の経費で最大の効果を挙げるようにしなければならない」と書かれているよ。

千穂　「最少の経費で最大の効果」ですか。つまり効率よくお金を使えってことですね。

太一　予算を立てるときも、実際に執行するときも、常に心掛けなくちゃいけないことだね。そして、決算では、「最少の経費で最大の効果」を挙げられたかをチェックすることが大事なんだ。

1年の成果は決算にあり 第2章

1 自治体決算の見方

ここがポイント

　地方自治法では、自治体の決算書類の種類と内容が決められています。歳入歳出決算書が決算書類の大本になります。

■ 決算書の全容

　さて、ここからは、この本のテーマである「自治体の決算」の話になります。

　先に述べたように、自治体の決算は会計管理者が作成します。会計管理者は4月1日から3月31日までの会計年度とその後の5月31日までの出納整理期間におけるお金の出入りをすべて帳簿に記録しています。これを予算と比較して一覧できるように整理したものが決算書です。

　自治体の決算は議決された予算に対して、実際にどうお金を使ったかを明らかにするものです。予算には「歳入歳出予算」と合わせて「継続費」「債務負担行為」「地方債」などが含まれていました。決算は「歳入歳出予算」に対応するものについて作成します。それ以外の予算の内容は、歳入または歳出として実際のお金の出入りがあったときに決算の対象となります。

【決算書類の種類とそれぞれの作成者】

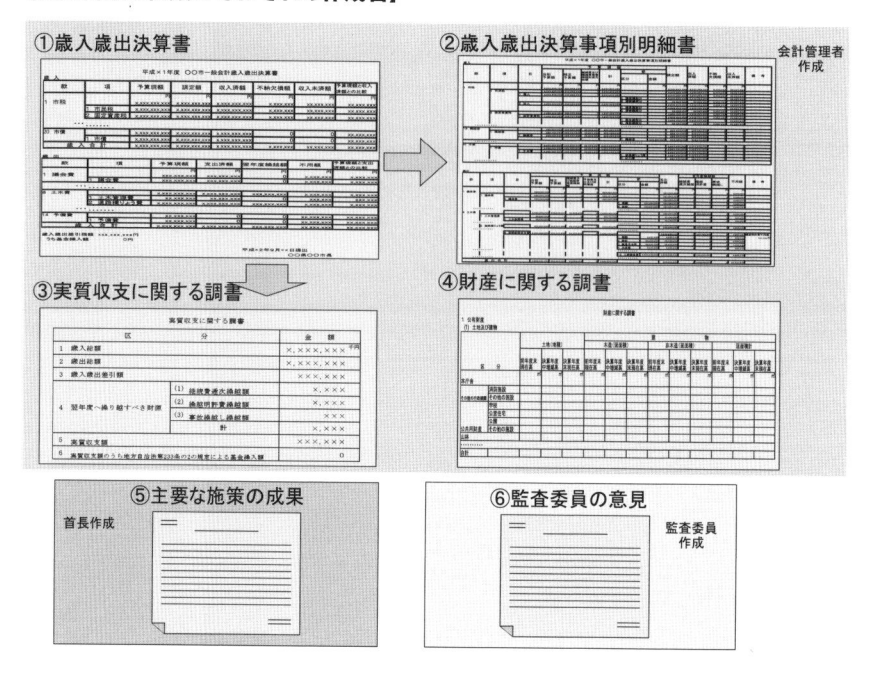

【決算書類の名称と記載事項など】

決算書類の名称	主な記載事項など
歳入歳出決算書	法律で定められた正式な決算書 お金の出入りを、予算に対応した大きな区分（行政目的別支出など）で記載
歳入歳出決算事項別明細書	歳入歳出決算書の明細書 お金の出入りを詳しく（細かい行政目的別・性質別支出など）記載
実質収支に関する調書	年度の収入と支出の差し引きを計算
財産に関する調書	自治体の財産表 前年度からの財産の増減と残高
主要な施策の成果	個別の行政サービスなどの実績や成果について報告
決算審査意見書	決算に対する監査委員の意見 決算数値の対前年度比較や増減の理由、数年間の変化などにより分析

2　決算書に何が書いてあるか

ここがポイント
　歳入歳出決算書は、歳入と歳出について、それぞれ表の中で予算と対比する形で、1年間のお金の出入りを報告しています。

◢ 決算書を見てみよう

　決算書の様式は、地方自治法施行規則で決められています。ですから、どこの自治体の決算書も同じ形式で作成されています。

　決算は歳入歳出予算に対応しています。すなわち、歳入歳出決算です。まずは、歳入から見てみましょう。

○ 歳入決算

　歳入歳出決算書の歳入の部では、歳入予算のそれぞれの予算科目について、「予算現額」「調定額」「収入済額」「不納欠損額」「収入未済額」「予算現額と収入済額との比較」が1行に書かれています。

　「予算現額」は議決を受けた収入の見込額です。予算の繰越や補正があればそれらも含まれます。この見込額に対して、実際の収入がどうだったかが、決算を見る上でのポイントになります。

　「調定額」は自治体が請求した金額です。税金であれば住民に課税した額です。使用料であれば住民が施設を利用したときに請求した金額、寄附金では寄附を受入れた金額です。請求と同時にお金が入ってくる場合や後日お金が入ってくる場合があります。また、寄附金のように請求はしないけれど実際にお金が入ってくるものもあります。この場合は受入れた金額を後から内容を確認して調定額とします。このように「調定額」は実際の収入とは異なります。収入される予定の金額を含んでいるわけです。

　「収入済額」は実際に入ってきたお金の額です。決算額といったときは、この金額を指します。

【歳入歳出決算書】

令和×1年度　○○市一

歳 入

款	項	予算現額
		円
1　市税		6,827,719,000
	1　市民税	3,207,235,000
	2　固定資産税	2,905,064,000
	3　軽自動車税	39,038,000
	4　市たばこ税	200,399,000
	5　都市計画税	475,983,000
2　地方譲与税		132,200,000
	1　地方揮発油譲与税	33,000,000
	2　自動車重量譲与税	99,200,000
	・・・・・	
9　地方交付税		267,685,000
	1　地方交付税	267,685,000
10　交通安全対策特別交付金		8,667,000
	1　交通安全対策特別交付金	8,667,000
11　分担金及び負担金		187,464,000
	1　負担金	187,464,000
12　使用料及び手数料		58,010,000
	1　使用料	40,136,000
	2　手数料	17,874,000
13　国庫支出金		1,774,177,000
	1　国庫負担金	1,090,845,000
	2　国庫補助金	655,403,000
	3　国庫委託金	27,929,000
14　県支出金		623,543,000
	1　県負担金	272,835,000
	2　県補助金	250,969,000
	3　県委託金	99,739,000
15　財産収入		262,573,000
	1　財産運用収入	95,899,000
	2　財産売払収入	166,675,000
16　寄附金		75,609,000
	1　寄附金	75,609,000
17　繰入金		1,069,554,000
	1　他会計繰入金	21,681,000
	2　基金繰入金	1,047,873,000
18　繰越金		451,515,000
	1　繰越金	451,515,000
19　諸収入		452,297,000
	・・・・・	
20　市債		608,067,000
	1　市債	608,067,000
歳　入　合　計		13,255,768,000

般会計歳入歳出決算書

調定額	収入済額	不納欠損額	収入未済額	予算現額と収入済額との比較
円	円	円	円	円
7,415,004,399	7,065,135,863	22,779,735	327,088,801	237,416,863
3,577,598,899	3,367,462,891	11,387,474	198,748,534	160,227,891
3,055,517,274	2,918,952,209	10,897,567	125,667,498	13,888,209
48,974,194	48,600,341	248,974	124,879	9,562,341
233,400,987	233,400,987	0	0	33,001,987
499,513,045	496,719,435	245,720	2,547,890	20,736,435
132,369,000	132,369,000	0	0	169,000
34,245,000	34,245,000	0	0	1,245,000
98,124,000	98,124,000	0	0	△1,076,000
				0
283,568,000	283,568,000	0	0	15,883,000
283,568,000	283,568,000	0	0	15,883,000
8,600,000	8,600,000	0	0	△67,000
8,600,000	8,600,000	0	0	△67,000
186,478,532	186,478,532	0	0	△985,468
186,478,532	186,478,532	0	0	△985,468
58,086,921	56,544,821	0	1,542,100	△1,465,179
41,235,678	39,693,578	0	1,542,100	△442,422
16,851,243	16,851,243	0	0	△1,022,757
1,896,500,547	1,896,500,547	0	0	122,323,547
987,457,547	987,457,547	0	0	△103,387,453
643,254,000	643,254,000	0	0	△12,149,000
265,789,000	265,789,000	0	0	237,860,000
593,259,214	593,259,214	0	0	△30,283,786
253,984,214	253,984,214	0	0	△18,850,786
240,597,000	240,597,000	0	0	△10,372,000
98,678,000	98,678,000	0	0	△1,061,000
266,727,463	266,727,463	0	0	4,154,463
95,942,142	95,942,142	0	0	43,142
170,785,321	170,785,321	0	0	4,110,321
75,702,324	75,702,324	0	0	93,324
75,702,324	75,702,324	0	0	93,324
1,047,551,000	1,047,551,000	0	0	△22,003,000
21,681,000	21,681,000	0	0	0
1,025,870,000	1,025,870,000	0	0	△22,003,000
451,515,327	451,515,327	0	0	327
451,515,327	451,515,327	0	0	327
478,258,361	445,400,415	0	32,857,946	△6,896,585
507,890,000	507,890,000	0	0	△100,177,000
507,890,000	507,890,000	0	0	△100,177,000
13,675,890,213	13,291,621,631	22,779,735	361,488,847	35,853,631

【歳入歳出決算書】

歳 出

款	項	予算現額
		円
1 議会費		128,138,000
	1 議会費	128,138,000
2 総務費		1,403,570,000
	1 総務管理費	789,786,000
	・・・・・・	
3 民生費		3,708,121,000
	1 社会福祉費	1,515,027,000
	2 児童福祉費	1,987,345,000
	3 生活保護費	205,615,000
	・・・・・・	
4 衛生費		1,126,877,000
	1 保健衛生費	620,761,000
	・・・・・・	
・・・・・・・・・・		
8 土木費		1,653,163,000
	1 土木管理費	131,999,000
	2 道路橋りょう費	286,594,000
	3 河川費	12,419,000
	4 都市計画費	1,218,771,000
	・・・・・・	
・・・・・・・・・・		
12 公債費		1,273,802,000
	1 公債費	1,273,802,000
13 諸支出金		748,031,000
	1 基金費	239,351,000
	・・・・・・	
14 予備費		1,887,000
	1 予備費	1,887,000
歳 出 合 計		13,255,768,000

歳入歳出差引残額　　　304,478,259円
　うち基金繰入額　　　　　　　0円

支出済額	翌年度繰越額	不用額	予算現額と支出済額との比較
円	円	円	円
123,779,255	0	4,358,745	4,358,745
123,779,255	0	4,358,745	4,358,745
1,312,960,421	8,245,000	82,364,579	90,609,579
738,936,213	8,245,000	42,604,787	50,849,787
3,581,443,549	2,140,000	124,537,451	126,677,451
1,460,928,353	1,700,000	52,398,647	54,098,647
1,938,229,558	440,000	48,675,442	49,115,442
194,856,015	0	10,758,985	10,758,985
991,314,542	8,034,000	127,528,458	135,562,458
559,039,059	8,034,000	53,687,941	61,721,941
1,475,340,402	62,351,000	115,471,598	177,822,598
130,764,485	0	1,234,515	1,234,515
235,827,236	30,225,000	20,541,764	50,766,764
4,569,977	0	7,849,023	7,849,023
1,095,201,426	32,126,000	91,443,574	123,569,574
1,271,656,866	0	2,145,134	2,145,134
1,271,656,866	0	2,145,134	2,145,134
744,746,380	0	3,284,620	3,284,620
236,066,790	0	3,284,210	3,284,210
0	0	1,887,000	1,887,000
0	0	1,887,000	1,887,000
12,987,143,372	80,770,000	187,854,628	268,624,628

令和×2年 9 月××日提出

〇〇県〇〇市長

×　×　×　×

○ 歳出

　歳入歳出決算書の歳出の部では、歳出予算のそれぞれの予算科目について、「予算現額」「支出済額」「翌年度繰越額」「不用額」「予算現額と支出済額との比較」が1行に書かれています。

　「予算現額」は議決を受けた支出の限度額です。予算の繰越や補正、流用などがあればそれらも含まれます。歳入と異なり、予算現額は支出の限度額ですから、支出済額は予算現額を超過することはできません。また、翌年度への繰越も予算現額の範囲内で行われます。

　「支出済額」は4月1日から3月31日の会計年度（加えて5月31日の出納整理期間）の間に支出した金額です。決算額といえばこの金額を指します。工事であれば、4月1日から3月31日までの間に契約を締結し、工事が完了し、完成検査が終了したものがその年度の決算の対象となる支出になります。物品の購入であれば、同様に4月1日から3月31日までの間に契約を締結し、納品が行われ、検収が終了したものが決算の対象です。また、その期間に検査や検収が終了したものであっても、5月31日までに実際の支払が行われていないといけません。請求の遅れなどにより、5月31日を過ぎてしまったものは翌年度の支出になります。

　「翌年度繰越額」は、当年度（3月31日まで）に工事や物品の購入を予定していたものがその年度内に完了しなかったときに生じます。

　「不用額」は、予算現額から支出済額と翌年度繰越額を引いた残りです。

【決算書表末の欄外】

歳入歳出差引残額	304,478,259 円
うち基金繰入額	0 円

令和×2年9月××日提出

○○県○○市長

× × × ×

　「歳入歳出差引残額」は、その年度の現金収入の総額から現金支出の総額を差し引いた金額を表示します。決算が「黒字」とか「赤字」とかというのは、この金額が「プラス」なのか「マイナス」なのかということを指します。ただし、実際の現金の出入りだけを対象にしていることに注意が必要です。後で詳しく述べますが、「歳入歳出差引残額」には翌年度に繰り越しておかなければならない金額も含まれているのです。

　「うち基金繰入額」は、歳入歳出差引残額から自治体の貯金である「基金」に積立てた金額を表します。

　歳入歳出決算書は、収入をその性質別に支出をその目的別に大きく括って、表にしています。このため一覧性に優れていますが、細かい内容までは分かりません。そこで、詳細を記した書類を別に作成します。

「不用額」と「基金への積立」
の意味と扱い

千穂 「不用額」というのは、予算の余りですか？

太一 そう。予算現額から支出済額と翌年度繰越額を引いた残り。その年度でも使わなかったし、翌年度に繰り越しても使わなかった分だよ。

千穂 なんかもったいないですね。

太一 行政サービスが予定どおり提供できたのなら、問題ないかな。

千穂 効率よくサービスして、お金が残ったのなら、むしろいいことですよね。

太一 そうだね。でも、年度が終わる前に分かっていたんだったら、予算を補正して、その残った分を他のサービスに充てられたかもしれないね。

千穂 それじゃ、やっぱり不用額は少ない方がいいんですか？

太一 市民のみなさんの要望はいろいろだからね。使わないことになる予算があるんだったら、年度の途中で必要な金額を見直して、予算の制約で十分なサービスが提供できていないところに回してあげたいよね。

千穂 そういうことはできないんですか？

太一 大体の自治体では補正予算を組んで年度途中の状況変化に対応しているよ。

千穂 それと、基金っていうのは、市の貯金ですよね。扱いに決まりはあるんですか？

太一 決算でお金が余ったとき（すなわち黒字のときだね）は、そのお金を翌年度に繰り越すことになってるんだ。でも、議会で「余ったお金は基金に積立てる」と決めているときは、繰り越さないで基金に貯金しておくことができる。

千穂　そういうときは、ここに、その積立てた金額を書いておくんです
　　　ね。

太一　そう。でも、この金額が「０円」のときでも貯金しない訳じゃな
　　　いんだ。黒字が出そうなときは、予め歳出予算で貯金することを決
　　　めておくこともあるし、翌年度に繰り越してから積立てても構わな
　　　いんだ。むしろ、繰り越してから積立てる方が普通かな。

千穂　そのときは、基金への貯金は、積立てた年度の支出として支出済
　　　額に含まれることになるんですね！

【執行見込額と補正予算】

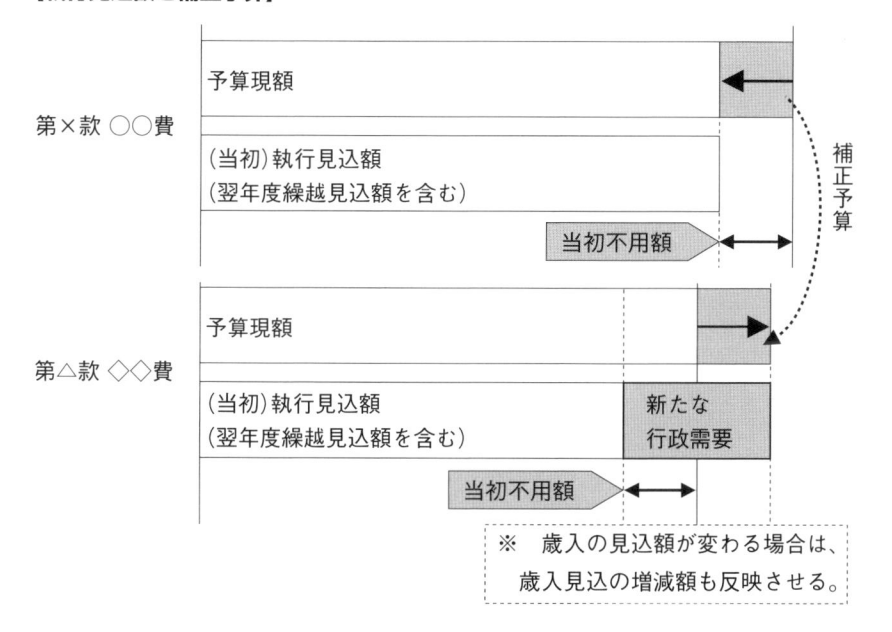

3 決算書を詳しく説明するもの

ここがポイント

　歳入歳出決算書は、議決された予算について、大きな括りで報告しています。もっと細かいお金の使い途や財産の状態については、別の決算書類で説明しています。

【事項別明細書】

令和×1年度　○○市一般

歳入

款	項	目	予　算　現　額			
			当初予算額	補正予算額	継続費及び繰越事業費繰越財源充当額	計
1　市税			円	円	円	円
			6,975,415,000	△147,696,000	0	6,827,719,000
	1　市民税		3,354,931,000	△147,696,000	0	3,207,235,000
		1　個人	2,896,807,000	△147,696,000	0	2,749,111,000
		2　法人	458,124,000	0	0	458,124,000
	2　固定資産税		2,905,064,000	0	0	2,905,064,000
		1　固定資産税	2,550,462,000	0	0	2,550,462,000
・・・・・・・・・						
18　繰越金			258,909,000	62,080,000	130,526,000	451,515,000
	1　繰越金		258,909,000	62,080,000	130,526,000	451,515,000
		1　繰越金	258,909,000	62,080,000	130,526,000	451,515,000
・・・・・・・・・						
20　市債			572,000,000	24,000,000	12,000,000	608,000,000
	1　市債		572,000,000	24,000,000	12,000,000	608,000,000
		1　土木債	498,000,000	24,000,000	12,000,000	534,000,000
・・・・・・・・・						
歳　入　合　計			11,315,774,000	1,501,246,000	438,748,000	13,255,768,000

◢ 事項別明細書

　「事項別明細書」は、収入と支出の中身を詳しく説明したものです。自治体の決算は、先に説明した歳入歳出決算書を首長が議会に提出し、認定の議決をもらうことで完了します。しかし、一覧で分かるように大括りで内容をまとめてしまっているため、その個別の科目の内訳などが分かるように別に作成されるのが歳入歳出決算事項別明細書です。

会計歳入歳出決算事項別明細書

節		調定額	収入済額	不納欠損額	収入未済額	備考
区分	金額					
	円	円	円	円	円	
		7,415,004,399	7,065,135,863	22,779,735	327,088,801	
		3,577,598,899	3,367,462,891	11,387,474	198,748,534	
		3,299,056,476	3,105,065,197	10,467,014	183,524,265	
1　現年課税分	2,719,706,000	3,109,830,399	3,074,583,094	0	35,247,305	
2　滞納繰越分	29,405,000	189,226,077	30,482,103	10,467,014	148,276,960	
		278,542,423	262,397,694	920,460	15,224,269	
1　現年課税分	457,083,000	467,126,210	452,345,273	0	14,780,937	
2　滞納繰越分	1,041,000	3,412,002	2,048,210	920,460	443,332	
		3,055,517,274	2,918,952,209	10,897,567	125,667,498	
		2,700,915,274	2,564,350,209	10,897,567	125,667,498	
1　現年課税分	2,527,805,000	2,618,317,726	2,496,748,723	0	121,569,003	
2　滞納繰越分	22,657,000	82,597,548	67,601,486	10,897,567	4,098,495	
～～～～～～～～～						
		451,515,327	451,515,327	0	0	
		451,515,327	451,515,327	0	0	
		451,515,327	451,515,327	0	0	
1　繰越金	451,515,000	451,515,327	451,515,327	0	0	
～～～～～～～～～						
		500,000,000	500,000,000	0	0	
		500,000,000	500,000,000	0	0	
		470,000,000	470,000,000	0	0	
1　道路橋りょう債	125,000,000	125,000,000	125,000,000	0	0	
2　河川債	238,000,000	200,000,000	200,000,000	0	0	
～～～～～～～～～						
		13,675,890,213	13,291,621,631	22,779,735	361,488,847	

【事項別明細書・歳入】

款	項	目	予　算　現　額			
			当初予算額	補正予算額	継続費及び繰越事業費繰越財源充当額	計
1　市税			円	円	円	円
			6,975,415,000	△ 147,696,000	0	6,827,719,000
	1　市民税		3,354,931,000	△ 147,696,000	0	3,207,235,000
		1　個人	2,896,807,000	△ 147,696,000	0	2,749,111,000
		2　法人	458,124,000	0	0	458,124,000
	2　固定資産税		2,905,064,000	0	0	2,905,064,000
		1　固定資産税	2,550,462,000	0	0	2,550,462,000

○　歳入

　予算科目は、決算書では「款」という一番大きな性質別の区分のみでしたが、ここでは、それを「項」「目」に収入の性質を細分化しています。さらには、「市税（県税）」では、その年度に発生した「現年課税分」と過去の年度の滞納分である「滞納繰越分」とに区分されていますし、「使用料」などは、発生原因別に区分されています（この区分を「節」といいます）。

　予算現額は、「当初予算額」「補正予算額」「継続費及び繰越事業費繰越財源充当額」と内訳が示されます。

　「調定額」「収入済額」「不納欠損額」「収入未済額」は、決算書と同じものですが、上で説明した「節」のレベルで細かく記載されます。自治

節		調定額	収入済額	不納欠損額	収入未済額	備　考
区分	金額					
	円	円	円	円	円	
		7,415,004,399	7,065,135,863	22,779,735	327,088,801	
		3,577,598,899	3,367,462,891	11,387,474	198,748,534	
		3,299,056,476	3,105,065,197	10,467,014	183,524,265	
1　現年課税分	2,719,706,000	3,109,830,399	3,074,583,094	0	35,247,305	
2　滞納繰越分	29,405,000	189,226,077	30,482,103	10,467,014	148,276,960	
		278,542,423	262,397,694	920,460	15,224,269	
1　現年課税分	457,083,000	467,126,210	452,345,273	0	14,780,937	
2　滞納繰越分	1,041,000	3,412,002	2,048,210	920,460	443,332	
		3,055,517,274	2,918,952,209	10,897,567	125,667,498	
		2,700,915,274	2,564,350,209	10,897,567	125,667,498	
1　現年課税分	2,527,805,000	2,618,317,726	2,496,748,723	0	121,569,003	
2　滞納繰越分	22,657,000	82,597,548	67,601,486	10,897,567	4,098,495	

体の収入は、その内容や金額を調査して決定した上で、相手方に請求して収納することになっています。調定額は請求額と言い換えてもいいでしょう。不納欠損というのは、調定額（請求額）のうち、時効が到来するなどして、収納することができなくなった金額を収入未済額から除く、会計上の手続です。

　表の最後に備考欄があります。ここには、節レベルよりも細かい歳入の原因が記載されている場合があります。例えば、公民館の使用料では複数ある公民館ごとの内訳を記すなどです。県などの大きな自治体では備考欄だけでは書き切れませんから、別に細かい資料を作成しているところもあります。

【事項別明細書・歳出】

歳出

款	項	目	当初予算額	補正予算額	継続費及び繰越事業費繰越額	予備費支出及び流用増減	予算現額 計
1 議会費			円 128,138,000	円 0	円 0	円 0	円 128,138,000
	1 議会費		128,138,000	0	0	0	128,138,000
		1 議会費	128,138,000	0	0	0	128,138,000
·········							
8 土木費			1,438,108,000	△105,476,000	320,531,000	0	1,653,163,000
	1 土木管理費		131,999,000	0	0	0	131,999,000
		1 土木総務費	131,999,000	0	0	0	131,999,000
·········							
	4 都市計画費		1,078,123,000	△50,366,000	191,014,000	0	1,218,771,000
		2 公園費	502,919,000	18,546,000	3,000,000	0	524,465,000
·········							
歳 出 合 計			11,315,774,000	1,501,246,000	438,748,000	0	13,255,768,000

○ 歳出

　予算科目は、歳入と同様に「節」のレベルまで区分されています。歳入は「款」「項」「目」が収入の性質を表しましたが、歳出は「款」「項」「目」が行政目的を表しています。そして「節」が給料とか工事請負費などのように支出の性質を表します。

　予算現額の区分は、最後に「予備費支出及び流用増減」の欄があること以外は、歳入とほぼ同様です。予備費は、不測の事態で予算が足りなくなったときに不足した科目の予算に充てて使うことができます。予算の流用は余った予算を他の予算に移して使用するもので、「目」と「目」の間又は「節」と「節」の間でのみ認められています。

節		支出済額	翌年度繰越額			不用額	備　考
区分	金額		継続費逓次繰越	繰越明許費	事故繰越し		
	円	円	円	円	円	円	
		123,779,255	0	0	0	4,358,745	
		123,779,255	0	0	0	4,358,745	
		123,779,255	0	0	0	4,358,745	
1　報酬	60,641,000	60,639,500	0	0	0	1,500	
2　給料	15,311,000	15,310,300	0	0	0	700	
･･････････							
	1,653,163,000	1,475,340,402	0	62,351,000	0	115,471,598	
	131,999,000	130,764,485	0	0	0	1,234,515	
	131,999,000	130,764,485	0	0	0	1,234,515	
･･････････							
		1,095,201,426	0	32,126,000	0	91,443,574	
･･････････							
		487,425,736	0	17,324,000	0	19,715,264	繰越明許費不用額：
1　報酬	63,000	63,000	0	0	0	0	501,200 円
･･････････							
13　委託料	240,889,801	234,568,021	0	0	0	6,321,780	
15　工事請負費	154,884,900	150,871,350	0	1,953,000	0	2,060,550	
17　公有財産購入費	88,524,000	73,152,600	0	15,371,000	0	400	
18　備品購入費	1,397,900	1,352,023	0	0	0	45,877	
22　補償、補填及び賠償金	1,255,000	1,254,800	0		0	200	
･･････････							
		12,987,143,372	0	80,770,000	0	187,854,628	

　右半分は、その予算現額をいくら使ったが記されています。ここの区分は基本的には決算書と同じですが、翌年度繰越額の欄が「継続費逓次繰越」「繰越明許費」「事故繰越し」と内訳に分かれています。

　「繰越し」とは、その年度（決算年度）に使用する予定だった予算を翌年度に先送りして使用することです。「継続費逓次繰越」は、継続費の中において自由に繰り越しが行えるものです。「繰越明許費」は、予め議会の承認を得て繰り越すものです。「事故繰越し」は、議会の承認なしに繰り越すものですが、後で承認をもらいます。

　最後の備考欄には、前年度から繰り越した事業に不用額が出た場合に、その不用額を記載します。これにより、当年度の不用額（当年度の

予算（当初予算・補正予算）の残額）と前年度の不用額（前年度以前の予算の残額）を区別して捉えることができます。また、「○○公園建設事業」などのように、「目」レベルの下に「事業」という区分を設けて支出を管理している自治体では、備考欄に事業ごとの決算を記載している場合があります。これも大きな自治体では、備考欄に書き切れないため、別資料としていたりします。

◢ 実質収支

実質収支に関する調書では、その年度の歳入と歳出、つまり、入ったお金と出て行ったお金の差し引きがどうであったかが書かれています。歳入歳出決算書に記載されている、収入済額の合計が歳入総額に書かれます。同じく支出済額の合計が歳出総額に書かれています。この歳入総額から歳出総額を差し引いた金額が歳入歳出差引残額です。単に歳入から歳出を引いただけなので、形式収支とも呼ばれています。

調書の表題が実質収支に関する調書となっていますが、大切なのは形式収支でなくて、実質収支の方です。実質収支というのは、形式収支から翌年度に繰り越すべき財源を引いた金額のことです。なぜ、このようなことをするかというと、歳入歳出決算書の歳出の中に出てきた翌年度繰越額に原因があります。

形式収支が黒字で、実質収支が赤字ということは、工事などが繰り越しにならなかったら、決算が赤字だったということです。お金がないから繰り越したということではないでしょうが、こういう事態にならないようにするべきですし、そういうことがなかったかどうかは実質収支の調書で確認することができます。

なお、この「翌年度へ繰り越すべき財源」には、その年度（決算年度）に既に収入済となっている財源のみが記載されます。歳出の繰越しに伴って翌年度に収入される財源（国庫補助金や地方債など）は、ここには入れません。したがって、歳出決算の翌年度繰越額と金額が異なりますので、注意してください。

【実質収支に関する調書】

区　　　　　分		金　　額
1　歳入総額		13,291,621 ^{千円}
2　歳出総額		12,987,143
3　歳入歳出差引額		304,478
4　翌年度へ繰り越すべき財源	(1)　継続費逓次繰越額	0
	(2)　繰越明許費繰越額	30,770
	(3)　事故繰越し繰越額	0
	計	30,770
5　実質収支額		273,708
6　実質収支額のうち地方自治法第233条の2の規定による基金繰入額		0

形式収支のマジック！？

千穂と太一の　ここを教えて！

千穂　翌年度繰越額っていうのは、予算で予定してた工事とかが、年度内に終わらなかった場合に翌年度に実施するためのものでしたね。

太一　そうだよ。その予算では、歳入はその工事に必要な財源を賄えるように組まれていたんだ。だから、繰り越しをしないで、当初予定どおりその年度に工事が完了して、歳入がちゃんと収入できていれば、その年度の実質的な収支は、その歳入から工事にかかった歳出を引いた、形式収支と同じになるよね。

千穂　予定どおり入ってきたお金で、予定していた工事を全部やっちゃったんですから、余ったお金は、次の年度に自由に使えるお金ですね。

太一　でも、予定したとおりに工事が行えなかったとき、すなわち予算を繰り越さなければならないときはどうかな。

千穂　その財源になるはずだった税金とかの歳入は収入済額に含まれてますよね。

太一　だけど、その使い途であった工事は行われていない。

千穂　ということは、支出済額にその代金は入ってないことになります。

太一　この収入済額から支出済額を単に形式的に差し引けば、収入が多くなる、つまり黒字になるのは当たり前だよね。

千穂　そうですね。税金とかはもらってるのに、使うはずだった工事には使ってないんですから。

太一　という訳で、予算の繰り越しがあった場合は、その繰り越した事業（工事など）に充てられるはずだった財源（税金など）を形式的な収支から引いて、実質的な収支を明らかにするんだ。

千穂　工事の財源って、税金以外にもありますよね。補助金とか。

太一　いいところに気がついたね。ここで形式収支から引く金額は、地方税や地方交付税みたいに、その年度内にお金が入ってきた（つまり収入済みとなった）ものに限られるよ。地方債や国庫補助金は、普通は、工事が完了してからお金が入金になるからね。繰り越した工事の分は、その年度の収入済額に含まれていないわけだ。

千穂　つまり、同じ繰り越した工事の財源でも、引かれるのは、収入済みになったものだけってことですね。

太一　ちなみに、次の年度の歳入歳出決算事項別明細書では、この繰り越すべき財源に記載された金額は、歳入の繰越金の予算現額の「継続費及び繰越事業費繰越財源充当額」に書かれることになるよ。地方債や国庫補助金などの、まだお金が入ってきてない財源は、歳入のそれぞれの科目（市債や国庫補助金だね）の「継続費及び繰越事業費繰越財源充当額」に書かれて区別されるんだ。

4　自治体の財産の増減を示すもの

> **ここがポイント**
>
> 　財産に関する調書は、自治体が持っている財産の現在高を前年度からの増減を含めて記載するものです。財産の種類によって記載される単位（「㎡」とか「台」など）が違っているのが特徴です。

◤ 財産に関する調書

　財産に関する調書は、自治体の決算書類の中では、ちょっと違った表の造りになっています。

　まず、歳入歳出決算書や歳入歳出決算事項別明細書、実質収支に関する調書は、「金額」で書かれています。予算現額から、収入済額、不用額など、実質収支に至るまで、すべて通貨である「円」を使って表が作成されています。それに対して、財産に関する調書では、財産の種類ごとに異なる単位を使っています。例えば、土地であれば「面積（㎡）」、自動車であれば「台」という具合です。

　それから、歳入歳出決算書や歳入歳出決算事項別明細書、実質収支に関する調書には、その決算年度のお金の出入りだけが書かれています。繰越金は前の年度の残高ですが、それですら、その決算年度の収入とし扱われています。それに対して、財産に関する調書では、基本的に前年度末の残高にその決算年度の増加・減少を加減してその決算年度末の残高を示すという表の造りになっています。

　そして、会計年度のところで出てきた出納整理期間の取扱いが違います。財産に関する調書においては出納整理期間は考えません。歳入歳出は出納整理期間、すなわち5月31日までのお金の出入りを含めてその決算年度の決算を作成します。それに対して、財産の出入り（増減）は出納整理期間なしに、3月31日で締め切ってしまいます。すなわち、財産に関する調書に書かれているその決算年度の残高は、3月31日現在のものということです。

【自治体の財産】

公有財産	行政財産	不動産
		船舶、浮標、浮桟橋、浮ドック、航空機
		地上権、地役権、鉱業権
		特許権、著作権、商標権、実用新案権
		株式、社債、地方債、国債
		出資による権利
		財産の信託の受益権
	普通財産	（行政財産と同じ）
物品		
債権		
基金		

　財産に関する調書は、財産によって表の造りが若干異なっていますが基本的な構造は同じです。

【財産に関する調書の基本構造】

区分	前年度末現在高	決算年度中増減高	決算年度末現在高
財産の種類	（単位は㎡や台など金額以外の場合も） （A）	（B－A）	（B）

※ 財産の種類により、表の構成や単位が若干変わります。

○ 公有財産（土地・建物）

　公有財産は、行政財産と普通財産に分けて記載します。行政財産というのは、行政目的のために使われている財産です。市役所の建物や公園、学校など、行政サービスのために使われる財産です。普通財産は行政財産ではないものです。普通財産は、それ自体は行政サービスを行っていませんが、民間企業や個人が持っている財産のように、貸し付けたり、売り払ったりすることができます。

　「土地」は面積で表示されます。前の年度末の面積とその年度の増減、そして、その年度末の面積を㎡で記載します。

　「建物」も面積で表示されます。建物は、さらに木造と非木造（鉄筋コンクリート造など）に分けられ、その合計が記載されます。前の年度末、その年度の増減、その年度末の面積を㎡で記載するのは、土地と同じです。

　しかし、行政財産であっても財産に関する調書に出てこないものがあります。道路や橋りょう、河川、海岸、港湾、漁港は、決算書類である財産に関する調書には記載されません。これらは、自治体が管理している「道路台帳」や「河川台帳」などに記載されています。

○ 公有財産（山林）

　「山林」は、土地の権利の区分ごとに記載されます。権利の区分には「所有」と「分収」があります。「所有」は自治体が自分の土地として所有しているもので、公有財産（土地・建物）の中の「山林」の面積と一致します。「分収」というのは、土地の所有者が自治体以外の者で、その土地の所有者と自治体が分収林契約を結んでいる場合です。土地の所有者と造林する者（自治体）が、その林で育った木材を売ったときの利益を分け合うというものです。

　財産に関する調書（山林）には、山林の面積（㎡）とその山林で育てている木の体積（㎥）が記載されます。前の年度末の面積（体積）、その年度の増減、その年度末の面積（体積）が記載されるのは、土地・建物と同じです。

【財産に関する調書・公有財産 (1) 土地及び建物】

1　公有財産

(1)　土地及び建物

財　産

区　分			土　地（地積）			木
			前年度末現在高	決算年度中増減高	決算年度末現在高	前年度末現在高
行政財産	本庁舎		㎡ 13,544.57	㎡ 0.00	㎡ 13,544.57	㎡ 0.00
	その他の行政機関	消防施設	1,496.24	0.00	1,496.24	0.00
		その他の施設	12,716.03	0.00	12,716.03	0.00
	公共用財産	学校	163,279.10	0.00	163,279.10	0.00
		公営住宅	83,903.70	0.00	83,903.70	0.00
		公園	15,160.00	20.00	15,180.00	0.00
		その他の施設	21,975.16	0.00	21,975.16	0.00
	山林		703,200.00	0.00	703,200.00	0.00
	合　計		1,015,274.80	20.00	1,015,294.80	0.00
普通財産	宅地		13,585.20	△ 183.74	13,401.46	0.00
	山林		17,032.00	0.00	17,032.00	0.00
	その他		675.00	0.00	675.00	0.00
	合　計		31,292.20	△ 183.74	31,108.46	0.00

【財産に関する調書・公有財産 (2) 山林】

土地の権利の区分			面　積		
			前年度末現在高	決算年度中増減高	決算年度末現在高
行政財産	所　有		ha 70.32	ha 0.00	ha 70.32
普通財産	所　有		170.32	0.00	170.32
	分　収		352.00	0.00	352.00
	合　計		522.32	0.00	522.32

に　関　す　る　調　書

建					物		
造（延面積）		非　木　造（延面積）			延面積計		
決算年度中増減高	決算年度末現在高	前年度末現在高	決算年度中増減高	決算年度末現在高	前年度末現在高	決算年度中増減高	決算年度末現在高
㎡	㎡	㎡	㎡	㎡	㎡	㎡	㎡
0.00	0.00	13,259.49	226.58	13,486.07	13,259.49	226.58	13,486.07
0.00	0.00	630.18	0.00	630.18	630.18	0.00	630.18
0.00	0.00	5,723.75	0.00	5,723.75	5,723.75	0.00	5,723.75
0.00	0.00	73,894.00	0.00	73,894.00	73,894.00	0.00	73,894.00
0.00	0.00	55,792.61	0.00	55,792.61	55,792.61	0.00	55,792.61
0.00	0.00	2,157.20	0.00	2,157.20	2,157.20	0.00	2,157.20
0.00	0.00	1,223.30	0.00	1,223.30	1,223.30	0.00	1,223.30
0.00	0.00	0.00	0.00	0.00	0.00	0.00	0.00
0.00	0.00	152,680.53	226.58	152,907.11	152,680.53	226.58	152,907.11
0.00	0.00	2,064.96	2,515.09	4,580.05	2,064.96	2,515.09	4,580.05
0.00	0.00	0.00	0.00	0.00	0.00	0.00	0.00
0.00	0.00	0.00	0.00	0.00	0.00	0.00	0.00
0.00	0.00	2,064.96	2,515.09	4,580.05	2,064.96	2,515.09	4,580.05

立木の推定蓄積量		
前年度末現在高	決算年度中増減高	決算年度末現在高
㎥	㎥	㎥
12,800	0	12,800
31,860	0	31,860
60,367	0	60,367
92,227	0	92,227

○ 公有財産（動産）

　「動産」は、船舶、浮標、浮桟橋、浮ドック、航空機に区分して記載します。単位は、船舶は「隻」「総トン数」、浮標、浮桟橋、浮ドックは「個」、航空機は「機」で表示されます。前の年度末の数量、その年度の増減、その年度末の数量が記載されます。

○ 公有財産（物権）（無体財産権）

　「物権」には、土地に対する権利で、所有権以外のものを記載します。地上権、地役権、鉱業権などです。地上権は、工作物などを所有する目的で他人の土地を使用する権利のことです。地役権は、自分の土地が使いやすくなるように他人の土地を使用する権利のことで、通行地役権（自分の土地に行くために他人の土地を通る権利）や引水地役権（自分の土地に水を引くために他人の土地を使用する権利）などがあります。単位は、土地と同じで㎡で表示されます。前の年度末の面積、その年度の増減、その年度末の面積が記載されます。

　「無体財産権」には、特許権や著作権など、目に見えない権利を記載します。目に見えないといっても、登録証など紙やデータとして、見たり、確認したりできます。単位は「件」で、前の年度末の件数、その年度の増減、その年度末の件数が記載されます。

【財産に関する調書・公有財産（3）動産】

区　分		前年度末現在高	決算年度中増減高	決算年度末現在高
行政財産	船舶	0隻	0隻	0隻
		0総トン	0総トン	0総トン
	浮標	0個	0個	0個
	浮桟橋	0個	0個	0個
	浮ドック	0個	0個	0個
	航空機	4機	△2機	2機

【財産に関する調書・公有財産（4）物権】

区　分		前年度末現在高	決算年度中増減高	決算年度末現在高
行政財産	地上権	621,405.29㎡	0㎡	621,405.29㎡
	地役権	2,274.00	0	2,274.00
	鉱業権	0	0	0
	採石権	0	0	0
普通財産	地上権	55,526,472.27	0	55,526,472.27
	地役権	0	0	0
	鉱業権	0	0	0
	採石権	0	0	0
合計	地上権	56,147,877.56	0	56,147,877.56
	地役権	2,274.00	0	2,274.00
	鉱業権	0	0	0
	採石権	0	0	0

【財産に関する調書・公有財産（5）無体財産権】

区　分		前年度末現在高	決算年度中増減高	決算年度末現在高
普通財産	特　許　権	21件	1件	22件
	意匠登録権	0	0	0
	商　標　権	6	△1	5
	実用新案権	0	0	0
	著　作　権	34	△1	33

○ 公有財産（有価証券）（出資による権利）

「有価証券」には、株券、社債券、地方債証券、国債証券などを記載します。それぞれの種類ごとに合計金額を記載します。前の年度末の金額、その年度の増減、その年度末の金額が記載されます。

「出資による権利」には、自治体が出資、出捐（しゅつえん）したことにより権利を得たものを記載します。第三セクターの株式会社への出資や財団法人など公益法人への基本財産の出捐などです。出資（出捐）先ごとに記載し、前の年度末の金額、その年度の増減、その年度末の金額が記載されます。

ところで、株式会社に対する出資は、株式の取得と同じことですが、有価証券と出資による権利のどちらに記載されるのでしょうか。これは、株券（有価証券）が発行されるものは「有価証券」に、株券が発行されないものは「出資による権利」に記載することになります。

【財産に関する調書・公有財産（6）有価証券】

区　　　分	前年度末現在額	決算年度中増減額	決算年度末現在額
株　　　　　券	288,500千円	0千円	288,500千円
社　　債　　券	0	0	0
地 方 債 証 券	0	0	0
国　債　証　券	0	0	0
受　益　証　券	0	0	0
そ　の　他	0	0	0
合　　　　　計	288,500	0	288,500

【財産に関する調書・公有財産（7）出資による権利】

（単位：円）

区　　　分	前年度末現在高	決算年度中増減高	決算年度末現在高
信用保証協会出捐金	1,115,000	0	1,115,000
農業信用基金協会出資金	930,000	0	930,000
農林公社出資金	1,244,000	0	1,244,000
労働者信用基金協会出捐金	2,480,000	0	2,480,000
株式会社○○出資金	1,500,000	0	1,500,000
社会福祉法人福祉会設立出資金	400,000	0	400,000
土地開発公社出資金	5,000,000	0	5,000,000
下水道公社出捐金	565,000	0	565,000
学校給食協会出資金	10,000,000	0	10,000,000
文化振興公社出資金	100,000,000	0	100,000,000
財団法人○○センター出捐金	1,000,000	0	1,000,000

○ 公有財産（財産の信託の受益権）

「財産の信託の受益権」には、信託により得られる権利の類型ごとに件数を記載します。信託というのは財産の運用方法で、信託銀行などが託された土地などの開発を行い、それによって得られた利益を信託者（自治体）に配当するものです。賃貸型土地信託や分譲型土地信託などがあります。賃貸型土地信託では、自治体が所有権を持ったまま、利益の配当を受けます。分譲型土地信託では、所有権を信託銀行などに移して、分譲によって得られた収入を自治体に配当します。前の年度末の件数、その年度の増減、その年度末の件数が記載されます。

○ 物品

「物品」には、機械器具類、自動車類、船舶類など物品の種類ごとの数量を記載します。記載される物品は重要な物品のみです。重要な物品の範囲は、財務規則などに「100万円以上」とか「50万円以上」というように、自治体ごとに定めています。前の年度末の数量、その年度の増減、その年度末の数量が記載されます。

【財産に関する調書・公有財産（8）財産の信託の受益権】

区　分	前年度末現在高	決算年度中増減高	決算年度末現在高
分譲型土地信託	1件	0件	1件
合　　　　計	1	0	1

【財産に関する調書・物品】

区　分	前年度末現在高	決算年度中増減高	決算年度末現在高
乗用車	531台	△10台	521台
庁用器具	121点	12点	133点
事務用品	75点	7点	82点
計量器	104点	1点	105点
光学通信音響機器	241点	12点	253点
医療機器	79点	2点	81点
厨房調理機器	231点	△17点	214点
機械器具	278点	△1点	277点
音楽用品	36点	3点	39点
運動用具	78点	7点	85点
図書・美術品	37点	0点	37点
合　　計	1,811品	16品	1,827品

○ 債権

　「債権」には、自治体が持っている債権を種類ごとに記載します。債権というのは、自治体が他の人に対して金銭の支払を要求できる権利です。主なものでは、奨学金などの貸付金や不動産を借りるときに相手に支払った敷金などがあります。

　なお、貸付金については注意が必要です。財産に関する調書に記載される貸付金の金額は、その貸付金の残金を示していないのです。貸付金の返済の仕方は、内容によって色々です。一定期間返済を猶予したり、分割で返済させたりします。また、一定の条件を満たせば返済を免除する場合もあります。財産に関する調書に記載されているのは、貸付金の内、未だ返済時期が来ていない部分だけです。返済時期が来たのに返済されていない貸付金は、歳入決算の収入未済額に記載されます。したがって、財産に関する調書では、それぞれの項目は次のような意味になります。

【財産に関する調書・債権（項目の内容）】

前年度末現在額		前の年度までに返済時期を迎えなかった貸付金
決算年度中増減額	増加額	新たに貸し付けた額（その年度中に返済されなかったもの）
	減少額	その年度に返済時期を迎えた貸付金（歳入決算に計上） その年度に返済を免除した貸付金
	増減額	増加額と減少額の差引（財産に関する調書に記載）
決算年度末現在額		その年度までに返済時期を迎えなかった貸付金

【財産に関する調書・債権】

区　　　分	前年度末現在額	決算年度中増減額	決算年度末現在額
○○等修学資金貸付金	2,514千円	△1,314千円	1,200千円
○○福祉資金貸付金	1,958,431	226,229	2,184,660
○○奨学資金貸付金	245,959	26,606	272,565
○○公社貸付金	1,924,735	0	1,924,735
○○整備事業貸付金	1,991,200	0	1,991,200

【財産に関する調書・基金】

(1) 財政調整基金

区　　分	前年度末現在高	決算年度中増減高	決算年度末現在高
有価証券	920,000千円	△40,000千円	880,000千円
現金	2,359千円	1,246千円	3,605千円
債権	6,440千円	△280千円	6,160千円

(2) 土地開発基金

区　　分		前年度末現在高	決算年度中増減高	決算年度末現在高
不動産	土地	4,543.54㎡	△1,245.32㎡	3,298.22㎡
有価証券		843,000千円	80,000千円	923,000千円
現金		3,254千円	145千円	3,399千円
債権		5,901千円	560千円	6,461千円

○　基金

　「基金」には、自治体が積み立てた基金を基金ごとに記載します。基金というのは、特定の目的のためにお金を積み立てていき、その目的に使用するために取り崩すものです。また、一定金額を運用する定額運用基金というものもあります。土地開発基金などが定額運用基金の例です。土地を基金の原資金で購入し、それを一般会計などで買い戻してもらい、その代金でまた次の土地を購入するといったように、一定額のお金が順次回転して運用されていきます。

　定額運用基金以外の基金では、積立ては歳出予算の「積立金」から支出され基金に組み入れられます。取り崩しは歳入予算の「繰入金」で収入されることになります。取り崩した基金は、その目的のための歳出予算の財源となって、「補助金」や「貸付金」などの科目として支出されます。

　それぞれの基金は、その運用形態に区分して記載します。一般的には、普通預金や定期預金などの預金の形で運用していますので、「現金」に区分されます。長期の運用が可能なものでは、国債などの債券で運用

している場合があります。この場合は、「有価証券」に区分します。

　なお、基金の中には、現金や有価証券でなく、物品や不動産の形で運用されている場合があります。定額運用基金の例に挙げた土地開発基金では、土地として表示する場合があります。この場合は土地ですから、金額で表示せず、面積（㎡）での表示になります。災害救助基金で救助物資になっている場合は、物品の数量（点）で表示します。

「財産に関する調書」の あれこれ

■有価証券、出捐金（しゅつえんきん）ってどんなもの？

千穂　有価証券ってよく解らないんですけど……？

太一　有価証券は、それ自体は単なる紙切れだけど、その紙と権利が一体となっているんだ。その権利を使うためには、その紙を持っていることが必要とされる。

千穂　市役所が持ってる有価証券ってどんなのがあるんですか？

太一　政策目的で、電力会社や鉄道会社のような公共的な企業（第三セクターを含めて）の株券を持っている場合があるね。

千穂　出資による権利と同じような気がしますけど……。

太一　株式への出資では、株券が紙で発行されてるものは「有価証券」、電子登録で株券がないものは「出資による権利」に整理してるよ。

千穂　出資金と出捐金の違いは何ですか？

太一　出資金は払い戻しを受けることができるけど、出捐金は寄附金に近いね。出捐金の払い戻しを受けることはできないんだ。

■貸付金総額を知る方法

千穂　貸付金の残金全体をみたい場合はどうしたらよいでしょうか。

太一　財産に関する調書（債権）の「決算年度末現在額」と歳入決算の

「（その貸付金元金に係る）収入未済額」を合計する必要があるね。でも、歳入決算では、元金と利子が同じ科目になっていることが多いから、収入未済額にも元金分と利子分が含まれてるんだ。

千穂　それじゃあ、決算書類からだけでは正確には分かりませんね。

■**出納整理期間中の基金への積立・取崩**

太一　基金の年度末現在高で注意が必要なのは、出納整理期間がないってことなんだ。

千穂　基金も財産ですものね。

太一　基金の積立ては歳出決算と、基金の取り崩しは歳入決算と関連するよね。

千穂　歳出や歳入には出納整理期間がありますよね。

太一　だから、出納整理期間内に基金に積立てたり、基金を取り崩した金額は、歳入歳出決算では収入や支出したことになってるけど、財産に関する調書に反映しないわけだ。

千穂　これは困りました。決算書類の中で数字が合いませんね。

太一　これでは不都合だから、財産に関する調書（基金）の欄外に注記することが行われてる。出納整理期間中の増減について、注で書いておくんだ。

千穂　「債権」って区分がある基金もありますね。

太一　出納整理期間内の積立を、「債権」という区分を用いて、残高が合うようにしている場合もある。3月31日現在では一般会計に対する債権が存在しており、その後（つまり出納整理期間中に）、積立てたときに現金に区分が変わるって考えるのさ。

5 決算に対する意見と施策の成果を示すもの

ここがポイント

　会計管理者が作成する決算書類に併せて、監査委員による決算に対する意見書と、首長自身による主要な施策の成果を示す報告書が作成されます。これらには、決算数値だけでは分からない情報が記載されています。

◢ 監査委員の審査意見書

　会計管理者は、ここまでで述べた「歳入歳出決算書」「歳入歳出決算事項別明細書」「実質収支に関する調書」「財産に関する調書」を作成して、8月31日までに首長に提出します。首長は、これらの書類を監査委員に送付して内容の審査を受けます。監査委員は、これらの決算書類を審査して意見を合議で決めます。合議というのは、何人かいる監査委員全員の意見が一致するということです。監査委員は決算を審査するときに、その決算年度についての定期監査や毎月行っている出納検査の結果を参考にします。そして、まとめた意見を決算審査意見書という形で首長に提出します。

　決算審査意見書には様式がありませんが、歳入歳出の主なものや前年度との比較、予算との比較などの分析を記載しているものが多いようです。決算書類自体は実績の数値が表になっているものですが、決算審査意見書では、分析や意見を加えて数値の意味などが分かりやすくなるように工夫しています（巻末の例を参照）。

◢ 主要な施策の成果を説明する書類

　会計管理者が作成した「歳入歳出決算書」「歳入歳出決算事項別明細書」「実質収支に関する調書」「財産に関する調書」、そして監査委員による「決算審査意見書」のほかに、首長が作成する決算に関する書類があります。それが「主要な施策の成果」です。お金の出入りを中心とした決算数値を記載した決算書類に加えて、「主要な施策の成果」は、そ

の名前のとおり、支出などの数値ではなく行政サービスをどれ位提供したかなどの実績（成果）を記載したものです（巻末の例を参照）。

　自治体の決算は、株式会社の決算のように収入支出（収益費用）といった決算数値だけでは成果が測れません。決算の数値と施策の成果の両方を併せて見ることによって、自治体の活動の成果を測るのです。例えば、ごみ処理の費用が増えていても、それ以上に住民の数が増えていれば、やむを得ないと考えられます。また、学校の児童生徒数が減少しているのに学校運営に係る教育費用が増えていれば、何か特別の理由があるように思われます。

　このように、決算を見るときには、単に金銭の出入りである歳入歳出決算だけを見るのではなく、施策の成果を関連付けて見ることが大切です。

◤ 決算書類のまとめ

　これまで見てきたように、自治体の決算において作成される書類は、「歳入歳出決算書」「歳入歳出決算事項別明細書」「実質収支に関する調書」「財産に関する調書」「決算審査意見書」「主要な施策の成果」の 6 つです。

　狭い意味では、自治体の決算書というのは「歳入歳出決算書」のことです。ただ、「歳入歳出決算書」自体は、お金の出入りを大きく区分しているので、全体を見渡すことはできますが、細かいお金の使い途までは分かりません。そこで、「歳入歳出決算事項別明細書」で細かいお金の出入りや予算の流用、繰り越しの状況を見ていきます。また、「主要な施策の成果」を関連付けて見ることで、お金の使い途とそれによる行政サービスなどの成果の状況を明らかにすることができます。

　「実質収支に関する調書」では、その年度の収入が支出を賄うのに足りて黒字になったのか、赤字だったのかを見ることができます。

　「財産に関する調書」では、金額表示でないとはいうものの、過去からの財産の増減を見ることができます。

　「決算審査意見書」では、その年度の数値のみならず、前年度、前々年度などの決算数値との比較や増減の理由などを分析しており、自治体

の台所事情が数年の間でどう変化したかを知ることができます。また、監査委員の意見を通して、自治体財政の課題も分かることでしょう。

主要な施策の成果で
何が分かるか

千穂　「主要な施策の成果」は市長さんが作るんですか？

太一　そうだよ。事業の執行責任者である市長がその年度の事業（施策）の成果を報告するんだ。それ以外の決算書類は、会計管理者や監査委員が作るんだよ。

千穂　「主要な施策の成果」にはどんなことが書いてあるんですか？

太一　例えば、その年度に工事した道路の延長距離とか、保育園の幼児の数や図書館の利用者数とか。市が行った事業の結果が書いてある。

千穂　他の決算書は、お金の出入りを中心に書いてありました。

太一　「主要な施策の成果」は、お金の出入りよりも、お金以外の実績を報告するためのものだよ。

千穂　決算とどういう関係があるんですか？

太一　そうだなぁ…。保健事業だったら、「主要な施策の成果」には、予防接種の助成を受けた人の数が書いてある。これと予防接種事業の支出とを比べてみれば、どれくらいのお金をかけて、どれくらいの人がサービスを受けたかを見ることができる。前の年度とそれぞれ比較すると、色々なことが分かったりする。予防接種を受けた人の増加率よりも支出の増加率が低ければ、どうだろう？

千穂　ワクチンが安くなったんでしょうか。それともほかに理由があるんでしょうか。

太一　そういう風に事業の分析ができるわけだね。図書館の利用者数だったら、利用者1人当たりの図書館の運営費の計算ができるね。

千穂　どれくらい効率的に図書館が運営できたかが分かりますね。

6　決算書では見えない情報はどこに

> ### ここがポイント
> 　地方自治法で定められた決算書類以外にも、自治体の財政状態が分かる情報があります。決算統計を基にした決算カードや財政比較分析表は、総務省のホームページで公表されています。健全化判断比率は、決算とは別に議会に提出され、自治体財政が破綻するおそれがないかどうかチェックされます。

他団体との比較に使える決算統計

　今までに見てきた自治体の決算書類は、地方自治法で定められたものです。そこでは、税金の使い途を定めた歳入歳出予算に対応する形で、歳入歳出決算により、実際の使い途を明らかにしています。これは、歳入歳出予算を決めた議会に対する報告であり、その議員を選んだ市民に対する報告です。

　一方で、県、市町村などの自治体の台所事情を分析して国の政策を決めるために、国は自治体の決算の状況について報告を求めています。国はすべての自治体の決算の統計をとって、税金の制度のあり方や国のお金の配分を決めているのです。

　毎年、都道府県を通して総務省に提出している地方財政状況調査がそれです。決算統計と呼ばれています。

　決算統計は歳入歳出決算を基に作られますが、作成作業は決算の作成と並行して行われています。

　歳入歳出決算との大きな違いは、すべての自治体に共通する会計区分を用いて、他の自治体との比較が容易に行えるようになっていることです。各自治体では、歳入歳出決算の元である歳入歳出予算は、「一般会計」と特定の収入で事業を行う「特別会計」に分けて作られます。どの事業を一般会計で行うか、どの事業を特別会計として扱うかは、自治体によって様々です。そのため、一般会計の数値を用いただけでは、他の自治体と比較することはできません。

　そこで、決算統計では、一般会計と特別会計を合わせて「普通会計」という会計単位での集計を行います。この際に、水道事業や交通事業、病院事業などの公営企業は集計から除かれ、「公営事業会計」とします。すなわち、自治体の決算の中の一般会計と特別会計が、普通会計と公営事業会計に組み替えられるわけです。この普通会計に含まれる事業の範囲は、どこの自治体でも同じになるように決められていますから、他の自治体との比較ができるようになるのです。

　また、決算統計では、地方債の残高や自治体の将来の負担額である債務負担行為についても報告します。これらは、歳入歳出決算や財産に関する調書には出てきません。

歳入歳出決算との違いと特徴

　歳入歳出決算では、決算数値が行政目的別に集計されています。これは歳入歳出予算、すなわち税金の使い途を決める際に「どの行政サービスにいくら使うか」という見方に立っているからです。決算統計では、この「行政目的別」の決算数値のほかに、「性質別」の決算数値の集計を行います。性質別というのは、人件費や投資的経費、物件費、補助費、公債費といった支出の性質に着目した分け方です。人件費は職員の給料などです。投資的経費は道路や学校の建設費などです。物件費は物品の購入など、補助費は他の団体への補助金などです。公債費は地方債の返済や利子の支払です。これにより、自治体のお金がどれくらい職員の給料などに充てられたのか、道路などの建設にはいくらくらいかかっているのかなどが分かります。

決算カード

　それでは、この決算統計を自治体の職員や住民は、どのように使ったらよいかを見てみましょう。

　総務省では、全国の自治体から提出された決算統計を基に「決算カード」を作成して、公表しています。すべての都道府県、市町村の普通会計の決算数値などを、自治体ごとに1枚のカードにまとめてあります。

他の自治体のカードや過去の年度のカードも簡単に手に入れることができますので、他の自治体との比較や過去からの数値の変化を分析するのに役立ちます。

　基本的な情報として、市町村名（都道府県名）、人口、産業、面積が書かれています。そして団体の類型。市町村類型というのは、市町村の人口と産業構造（第2次、第3次産業の割合）によって分類したもので、類似団体との比較を行う際の目安になります。

　歳入の種類別の決算数値と税金の種類別の決算数値。収入は「歳入歳出決算」においても種類別になっているので、特別会計との合算になっていることの他はあまり違いがありません。

　「目的別歳出」の決算数値。これも基本的には「歳入歳出決算」とあまり違いがありません。

　「性質別歳出」の決算数値。これは決算統計から出された数値です。人件費や投資的経費などの項目ごとの数値とその構成割合が書かれています。

　「収支状況」。実質収支などが書かれています。

　「一般職員等」。職種ごとの職員数や給料月額、1人当たり平均給料月額が書かれています。

　「地方債現在高」「積立金現在高」「債務負担行為額」。積立金は決算書類の財産に関する調書の基金に書かれているものと同じです。地方債現在高と債務負担行為額（支出予定額）は、決算書類の中にはない情報です。

82

【決算カード】

平成２９年度　決算状況

人	２７年国調	59,756 人	区分	住民基本台帳人口	うち日本人
	２２年国調	61,878 人			
	増減率	-3.4 %		59,729 人	59,288 人
面積	188.61 km²	29.		60,297 人	59,962 人
人口密度	317 人	増減率		-0.9 %	-1.1 %

人口等

歳入の状況 （単位：千円・％）

区分	決算額	構成比	経常一般財源等	構成比
地方税	5,831,751	14.6	5,831,751	34.
地方譲与税	300,457	0.8	300,457	0.
利子割交付金	9,224		9,224	0.
配当割交付金	12,872		12,872	0.
株式等譲渡所得割交付金	18,512		18,512	0.
分離課税所得割交付金	–		–	
道府県民税所得割臨時交付金	–		–	
地方消費税交付金	1,074,384		1,074,384	6.
ゴルフ場利用税交付金			39,875	0.
特別地方消費税交付金	–		–	
自動車取得税交付金	73,259	0.2	73,259	0.
軽油引取税交付金	–		–	
地方特例交付金	27,411	0.1	27,411	0.
地方交付税	10,422,310	26.1	9,375,256	55.
うち普通交付税	9,375,256	23.5	9,375,256	55.
うち特別交付税	1,047,054	2.6		
うち震災復興特別交付税	–			
（一般財源計）	17,810,055	44.6	16,763,001	100.0

一般財源の内訳

交通安全対策特別交付金	7,703	0.0	7,703	0.
分担金・負担金	303,584	0.8		
使用料	210,263	0.5	8,272	0.
手数料	101,715	0.3		
国庫支出金	7,851,408	19.7		
（特別区財政調整交付金）	–			
都道府県支出金	4,644,224	11.6		
財産収入	322,997	0.8	15,624	–
寄附金	282,891	0.7		
繰入金	2,131,072	5.3		
繰越金	542,451	1.4	141	
諸収入	5,693,200	14.3		
地方債				
うち減収補塡債（特例分）	831,600	2.1		
うち臨時財政対策債				
歳入合計	39,945,729	100.0	16,794,741	100.0

その他の歳入

市町村税の状況

区分	収入済額
普通税	5,831,751
法定普通税	5,831,751
市町村民税	2,360,537
個人均等割	96,076
所得割	1,905,489
法人均等割	138,157
法人税割	220,815
固定資産税	2,841,553
うち純固定資産税	2,838,782
軽自動車税	427,597
市町村たばこ税	
鉱産税	
特別土地保有税	
法定外普通税	
目的税	
法定目的税	
入湯税	
事業所税	
都市計画税	
水利地益税等	
法定外目的税	
旧法による税	
計	5,831,751

地方税

性質別歳出の状況 （単位：千円・％）

区分	決算額	構成比	充当一般財源等	経常経費充当一般財源等	経常収支比率
人件費	4,413,946	11.7	4,143,108	4,086,319	23.2
うち職員給	2,604,588	6.9	2,387,309		
扶助費	6,544,365	17.4	2,030,454	2,025,508	11.5
公債費	4,047,221	10.8	4,047,221	4,047,221	23.0
元利償還金 元金	3,790,888	10.1	3,790,888	3,790,888	21.5
利子	255,391	0.7	255,391	255,391	1.4
一時借入金利子	942	0.1	942		
（義務的経費計）	15,005,532	39.9	10,220,783	10,159,048	57.6
物件費	7,342,982	19.5	1,912,237	1,708,644	9.7
維持補修費	494,772	1.3	346,209	340,580	1.9
補助費			3,277,352	2,258,475	12.8
うち一部事務組合負担金	1,467,556		1,390,528	1,181,976	6.7
繰出金	2,742,958	7.3	2,223,412	2,065,855	11.7
積立金	751,368	2.0	1		
投資・出資金・貸付金	160,753	0.4	152,833	152,833	0.9
前年度繰上充用金					
投資的経費	5,266,798	14.0	331,751		
うち人件費	35,230	0.1	35,230		

経常経費充当一般財源等
16,685,435 千円

普通建設事業費	3,501,052	9.3	238,118
うち補助	2,443,891	6.5	85,932
うち単独	844,986	2.2	135,421
災害復旧事業費	1,765,746	4.7	93,633
失業対策事業費			
歳出合計	37,631,294	100.0	18,464,578

経常収支比率（％）
（減収補塡債特例分
及び臨時財政対策債除く）
歳入一般財源等
20,779,013 千円

経常収支比率

目的別

区分
議会費
総務費
民生費
衛生費
労働費
農林水産業費
商工費
土木費
消防費
教育費
災害復旧費
公債費
諸支出金
前年度繰上充用金
歳出合計

目的

公営

| 合計 |
| 上水道 |
| 病院 |
| 簡易水道 |
| 国民健康保険 |
| その他 |

公営

(注) 1. 普通建設事業費の補助事業費には受託事業費のうちの補助事業費を含み、単独事業費には同種他団体施行事業負担金及び受託事業費のうちの単独事業費を含む。
2. 東京都特別区における基準財政収入額及び基準財政需要額は、特別区財政調整交付金の算出に要した値であり、財政力指数は、前記の基準財政需要額及び基準…
3. 産業構造の比率は分母を就業人口総数とし、分類不能の産業を除いて算出。
4. 人口については、調査年度の1月1日現在の住民基本台帳に登載されている人口に基づいている。
5. 面積については、調査年度の10月1日現在の市区町村、都道府県、全国の状況をとりまとめた「全国都道府県市区町村別面積調」（国土地理院）による。
6. 個人情報保護の観点から、対象となる職員数が1人又は2人の場合、「給料月額(百円)」及び「一人当たり平均給料月額(百円)」を「ア スタリスク(＊)」としている
7. 「一般職員等」、「ラスパイレス指数」、「特別職等」については、地方公務員給与実態調査に基づくものであるが、当該資料作成 時点（平成31年1月末時点）

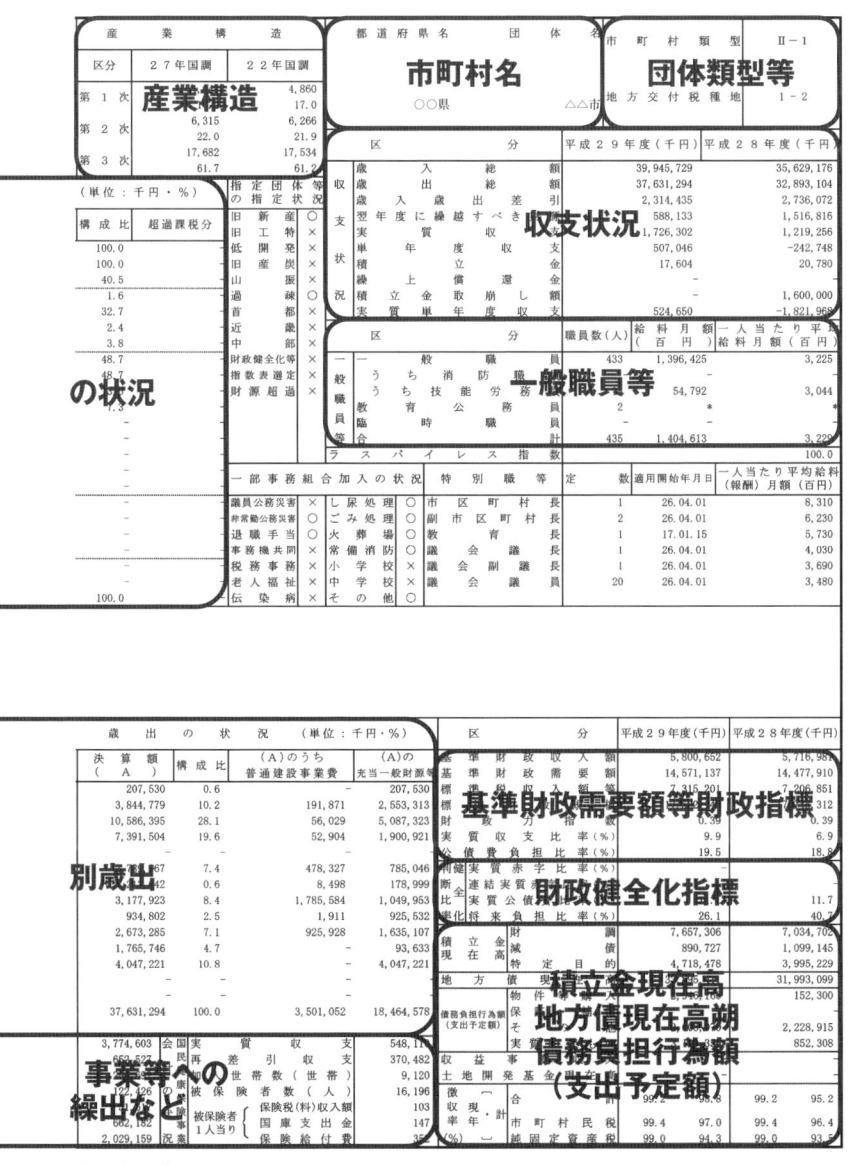

財政収入額により算出。

る。（その他、数値のない欄については、すべてハイフン(-)としている。）
において平成30年調査結果が未公表であるため、前年度の数値を引用している。

◢ 財政状況資料集

　財政状況資料集も決算統計データなどを基に作成されているもので、「財政比較分析表」など複数の表で構成されています。主な表に記載されている内容は次のようなものです。

　「財政比較分析表」では、7つの指標について、類似団体との比較をしています。類似団体の平均を100として、その平均との比較です。そして、その結果をグラフで解説しています。

　「財政構造の弾力性」は、経常収支比率を使って比較します。

　「人件費・物件費等の状況」は、人口1人当たりの人件費・物件費等の決算数値で比較します。

　「給与水準」は、ラスパイレス指数を使って比較します。ラスパイレス指数というのは、国の公務員の給与水準を100としたときの、自治体の給与水準を示します。

　「将来負担の状況」は、次に説明する健全化判断比率の1つである将来負担比率を使って比較します。

　「公債費負担の状況」も、健全化判断比率の1つである実質公債費比率を使って比較します。

　「定員管理の状況」は、人口1000人当たりの職員数を比較しています。

　いずれの指標も、過去5年間の類似団体の平均値と対象の自治体の値が示されます。また、対象年度においては、類似団体の中で最も良い成績の値と最も悪い成績の値が同時に書かれており、対象の自治体の状況がよく分かります。

【財政比較分析表の7指標】

項　目	説　明
財政力	財政力指数を使って比較
財政構造の弾力性	経常収支比率を使って比較
人件費・物件費等の状況	人口1人当たりの人件費・物件費等の決算数値で比較
給与水準	ラスパイレス指数（国の公務員の給与水準を100としたときの、自治体の給与水準）を使って比較
将来負担の状況	将来負担比率（健全化判断比率）を使って比較
公債費負担の状況	実質公債費比率（健全化判断比率）を使って比較
定員管理の状況	人口1000人当たりの職員数を比較

　「実質収支比率に係る経年分析」「連結実質赤字比率に係る赤字・黒字の構成分析」「実質公債費比率（分子）の構造」「将来負担比率（分子）の構造」では、次に説明する健全化判断比率をグラフ化して、分析を加えています。

(3)市町村財政比較分析表(普通会計決算)

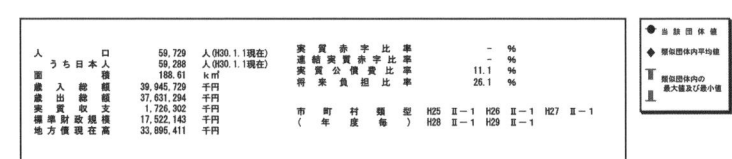

※市町村類型とは、人口および産業構造等により全国の市町村を35のグループに分類したものである。当該団体と同じグループに属する団体を類似団体と言う。

※平成30年度中に市町村合併した団体では、合併前の団体ごとの決算に基づく実質公債費比率及び将来負担比率を算出していない団体については、グラフを表記しない。

※充当可能財源等が将来負担額を上回っている団体については、将来負担比率のグラフを表記しない。

※「人件費・物件費等の状況」の決算額は、人件費、物件費及び維持補修費の合計である。ただし、人件費には事業費支弁人件費を含み、退職金は含まない。

※「定員管理の状況」及び「給与水準（国との比較）」は地方公務員給与実態調査に基づくものが、当該資料作成時点（平成31年1月末時点）において平成30年調査結果が未公表であるため、平成29年度の数値については、前年度の数値を引用している。

※人口については、各調査年度の1月1日現在の住民基本台帳に登録されている人口に基づいている。

※類似団体内順位、全国平均、各都道府県平均は、平成29年度決算の状況である。また類似団体が存在しない場合、類似団体内順位を表示しない。

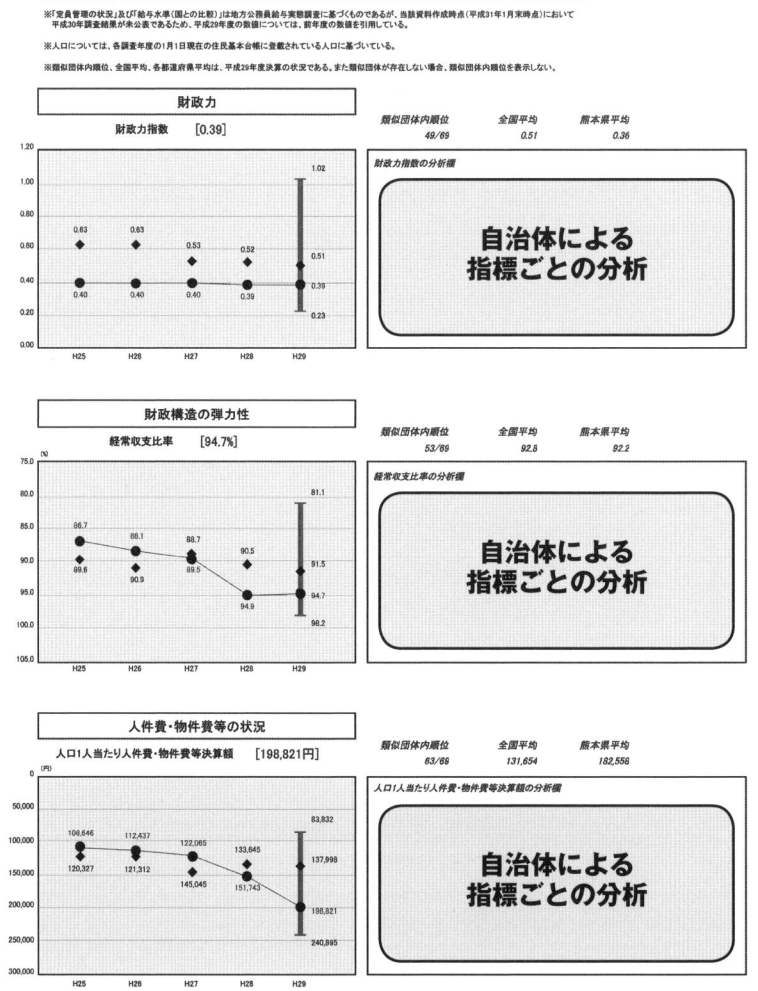

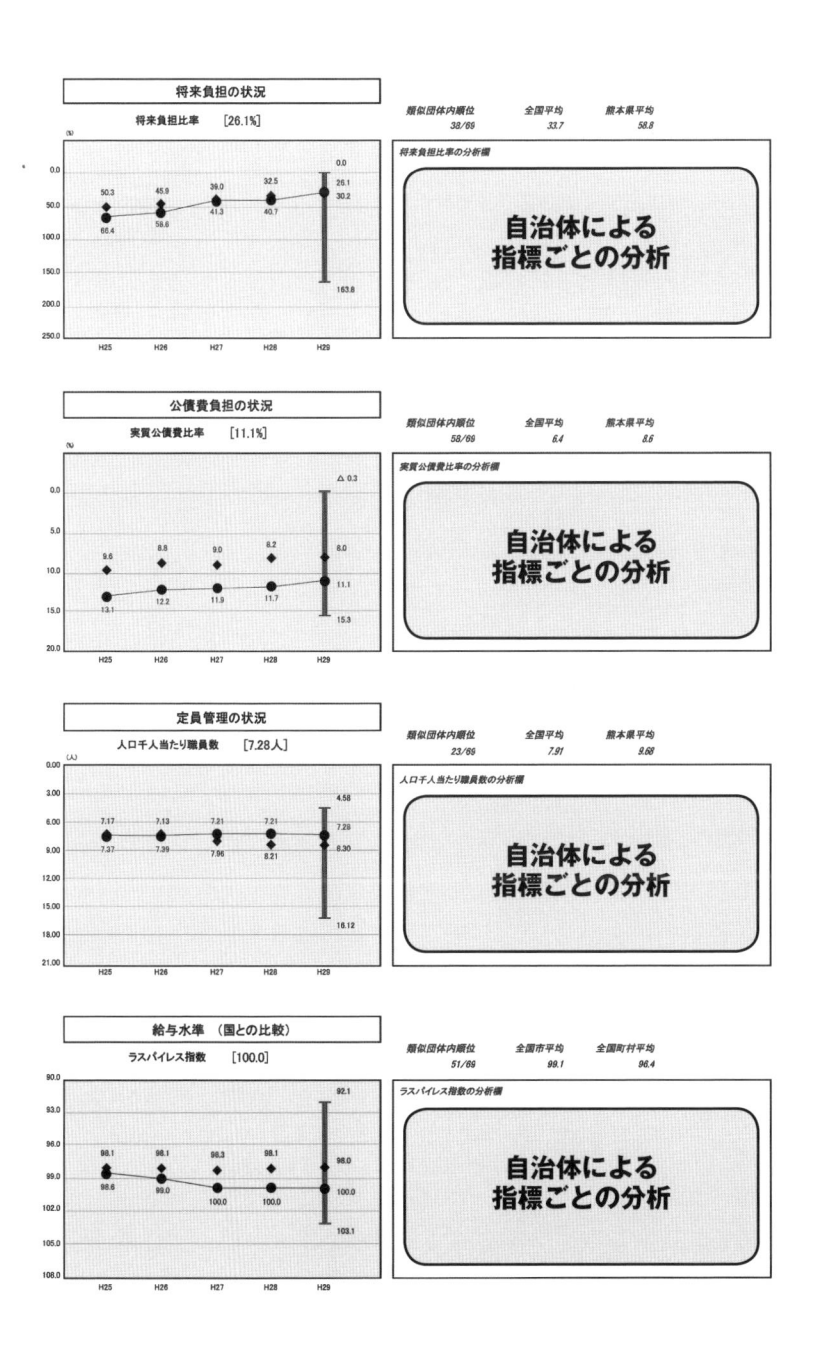

○ 健全化判断比率

　自治体の財政状況が悪化して倒産するようなことはないのでしょうか。景気の落ち込みによる税収入の減少や高齢化の影響による福祉医療関係の支出の増加により、自治体の台所事情は厳しい状況が続いています。

　従来から、自治体の財政状況がどうにもならなくなった場合に、不渡りを出した民間企業の会社を更生するように自治体を再建する制度はありました。しかし、これは台所事情がどうにもならない状況になってから使われる制度で、サッカーでいえば一発レッドカードのようなものでした。

　そこで、そうなる前に自治体が自ら対策を打てるように、台所事情を公表する仕組みを含めて、財政状況を改善するための制度を新たに作りました。いわば、レッドカードの前のイエローカードを出す制度です。

　この制度では、毎年度その前の年度の決算を基に4つの比率を計算します。そして、その数値を議会に報告し、住民にも公表します。この比率が一定の水準を超えると、イエローカード発動です。自治体は財政の早期健全化計画を立てることになります。この計画を実行に移すことにより、レッドカードになることを免れることができます。しかし、さらに悪化して、その上の基準を超えてしまうとレッドカードとなり、財政の再生計画を立てなければなりません。地方債の発行は制限され、支出額も抑えられてしまうため、行政サービスも低下してしまいます。

　4つの健全化判断比率は、それぞれ計算の対象となる会計の範囲が異なります。

○ 会計の範囲

　「実質赤字比率」は、普通会計の実質赤字額を標準財政規模で割ったものです。標準財政規模はその自治体の1年間の標準的な収入額を示します。ですから、この比率は、その年度の赤字が毎年の収入額の何パーセントに当たるかということを示します。実際には多くの自治体では実質収支は黒字ですから、計算されていないことが多いと思います。

【会計の範囲】

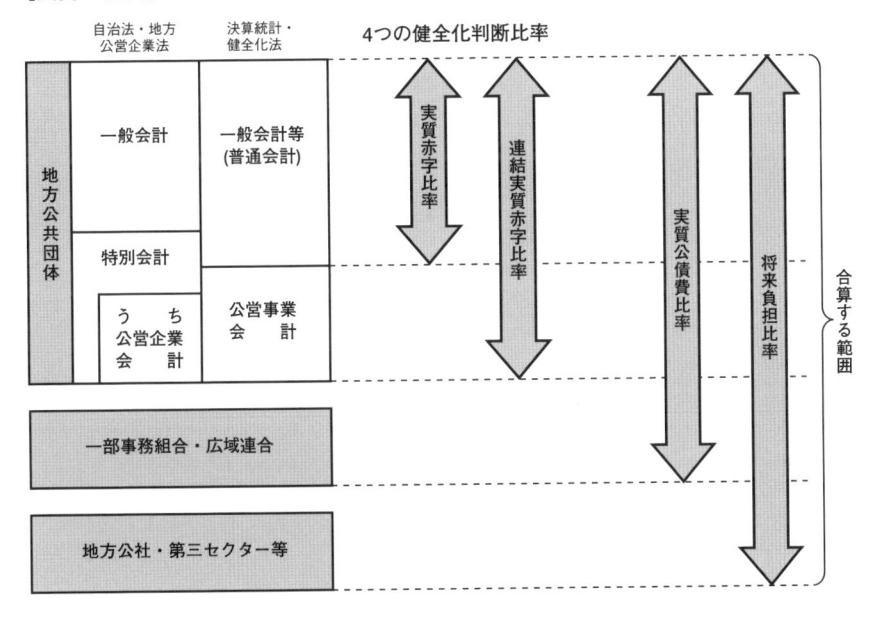

　「連結実質赤字比率」は、普通会計と公営事業会計の赤字の合計を標準財政規模で割ったものです。普通会計の赤字を病院事業や交通事業の赤字の中に隠そうとしても、合計すれば分かってしまいます。普通会計から繰り出すべき資金を繰り出さなかったり、退職間際の職員を普通会計から公営事業会計に異動させて退職金を公営事業会計で負担させるなどで、普通会計の赤字を見かけ上で減らそうとしても意味がないということです。

　「実質公債費比率」は、地方債の元金の返済額と利子の支払額の合計を標準財政規模で割ったものです。この元金と利子の範囲は、普通会計が負担するものとなっているので、公営事業会計で発行した地方債の償還金の一部を普通会計からの繰出金で賄っている場合が含まれます。さらに、清掃事業や消防事業などで一部事務組合や広域連合で複数の市町村が集まって事業を行っている場合で、それらの一部事務組合や広域連合が発行した地方債の償還金が自治体に割り当てられている場合は、そ

の割り当てられた額も含まれます。すなわち、対象の範囲が、普通会計、公営事業会計、一部事務組合等に拡大したことになります。

地方債の元金の返済額などには、地方債に近い性質の支払なども含まれます。また、特定の収入で返済するものなどは、自治体（普通会計）の負担にならないので、計算から除かれることになっています。

この比率の意味は、借金の返済や利子の支払のために1年間の収入の何パーセントが充てられているかということです。

「将来負担比率」は、一番範囲が広くて、普通会計、公営事業会計、一部事務組合等に加えて、自治体が責任を持っている第三セクターである株式会社や財団法人などの公益法人を含んでいます。将来負担ということなので、決算年度の支出ではなく、将来支払わなければならない金額が対象になります。具体的には、地方債の残高、退職手当の支払見込額、第三セクターなどが借入を行う際に自治体が付けた損失補償の一部などです。自治体の行政サービスは、自治体自らが行っているもののほかに、それらの第三セクターなどが担っているものもあります。そのために損失補償などの債務を自治体が負っている場合があるのです。ですから、これらの債務も自治体の将来の負担額に含めます。

将来負担比率は、将来負担額を標準財政規模で割ったものです。すなわち、将来の負担額が1年間の収入の何倍（何百パーセント）であるかを示します。この計算においても、負担額の支払に特定の収入を充てることが予定されているものは計算から除きます。

健全化判断比率は、翌年の9月末から10月くらいに公表されることが多いので、決算よりも早く自治体の台所事情を知ることができるはずです。

財政指標早わかり

千穂　財政指標ってよく分からないんですが、どういう風に見ればいいでしょう？

太一　決算カードには、何種類かの財政指標が書かれているね。

財政指標	説明
基準財政収入額	地方交付税の計算に用いるもの。標準的な状態のときの自治体の税収入の75％になる。
基準財政需要額	同じく地方交付税の計算に用いるもの。自治体が標準的な行政サービスを提供するのに必要な金額。
標準税収入額等	標準的な状態のときの自治体の税収入。
標準財政規模	標準税収入額等に地方交付税を足したもの。
財政力指数	基準財政収入額を基準財政需要額で割った値。
経常収支比率	人件費、扶助費、公債費のように経常的に支出される経費に充てられた一般財源の額が、地方税、普通交付税などの経常的に収入される一般財源に占める割合。

千穂　基準財政収入額と基準財政需要額は地方交付税の計算に使うんですか？

太一　そうだよ。自治体の収入がその自治体の行政サービス提供にかかる費用を上回っていれば、地方交付税がなくてもやっていけるよね。逆にサービス提供費用の方が上回ってる場合は、地方交付税が国から交付されることによって、全国どこでも同じ行政サービスが受けられることになる。

千穂　収入は75パーセントしか計算に入れていませんね。

太一　残りの25パーセントは自治体独自のサービス提供に使えるってことだね。

千穂　「標準的な」っていうのはどういう意味ですか？

太一 収入でいえば、実際の自治体の収入額ではなくて、標準的な税率を用いたときにその自治体が収入することができるって意味。支出なら、モデル化した仮想の自治体の住民が標準的に必要としている行政サービスっていう意味なんだ。

千穂 標準財政規模のところにも出てきますね。標準財政規模っていうのは何ですか？

太一 自治体をサラリーマンに例えれば、毎月入ってくる給料みたいなもの。地方交付税が入ってるから親からの仕送り込みってとこかな。そのサラリーマン家庭の家計の規模だね。

千穂 財政力指数っていうのは、地方交付税に関係あるんですよね。

太一 そうだよ。100パーセントを超えていれば、標準的な行政サービスを自治体の税収入で賄えることになるので、地方交付税をもらわなくても大丈夫。この指数が大きいほど豊かな自治体ということがいえるね。

千穂 経常収支比率って説明を見ても意味が分かりません……。

太一 そうだね。1つずつ用語を解説しないとね。「経常的」っていうのは、「毎年毎年、常に」っていう意味。サラリーマンの家計でいえば、毎月の給料や親からの仕送りは経常的な収入に当たる。忙しいときの残業代は経常的な収入ではないね。そして、毎日の食費や電気代は経常的な支出。車の購入や旅行に出かけたりするのは経常的な支出とは言えない。

千穂 それなら分かります。

太一 自治体に当てはめると、建設事業などを除いた日々の行政サービスの提供のために使った一般財源の金額を、臨時的な収入を除いた一般財源で割った比率ってことになる。「一般財源」っていうのは、税収入や地方交付税のことで、何にでも使える財源なんだ。

千穂 さっきのサラリーマンに例えれば、食費や光熱水費、住居費などの日々の支出と毎月の給料の関係ってことですね。

太一 そう。100パーセントを超えていると、日々の生活が毎月の給料と仕送りだけでは賄えていないことだね。残業なんかの臨時的な収

　入がなければ、生活できないよ。

千穂　この比率が低ければ、生活に充てずに済んだお金で車を買った
　り、旅行に行ったりできますね。

バランスシートで見る 自治体財政 第3章

1 自治体と株式会社ではどこが違うのか

ここがポイント

　地方公会計では、お金の出入りだけでなく、財産や借金などの増減も反映させた、法定のものとは別の決算書類を、株式会社などと同じように作成します。しかし、自治体と株式会社では組織の目的が異なるため、決算書類も完全に同一のものではありません。

地方公会計制度の登場

　ここでは、すべての自治体で取り入れられることになった、地方公会計制度について見ていきます。

　前章で取り上げたように、自治体の会計は、地方自治法で定められており、歳入歳出予算で決められたとおりに行われてきました。そして、決算もその歳入歳出予算に対応する形で決算書類が作成されています。この会計や決算の仕組みは、現金の出入りだけを記録して作成しています。

　ところが、最近では現金以外の要素、例えば土地や建物などの資産や、地方債や退職金など将来の負担額のように、その年度の現金の収入や支出としては出てこないものについての関心が高まってきています。市の土地や建物で十分に利用されていないものへの批判や、国と地方合わせて何百兆円もの借金があるといった報道を聞いたことがあると思います。

　民間企業（代表選手は株式会社です）の会計は、現金だけでなく、将来の収入源となるような土地建物といった資産や、将来負担となる借入金や退職給付などの負債を含めた会計システムになっています。

　そこで、自治体の会計にも現金以外の要素を含めた会計システムを取り入れて、株式会社のような決算書を作ることになりました。これが地方公会計です。一方、地方自治法で決められている従来からの決算は、法定の決算です。このため、地方公会計による決算書類と法定の決算書類と合わせて2種類の決算書類が作成されることになります。

目的の違い

　自治体が持っているお金や土地、建物も株式会社が持っているそれらには違いがないように思われます。もちろん、使い途には違いがあるでしょうが、モノとしての価値に違いがあるわけではありません。

　では、自治体と株式会社とでは、どうして違う会計システムが使われているのでしょうか。

　株式会社は、出資者である株主の利益を大きくすることが目的です。そのため、決算では、株主の利益がどうなったのかを報告することに焦点が当てられます。株式会社の株主は、株券を買って、その配当を期待しています。株券という形で出資をして、会社がその資金で事業を行って、利益を上げます。そして、株主はその配当を貰っているわけです。このため、決算では「どれだけ利益が出て配当されるのか」や「出資した資金が増えているかどうか」を株主は知りたいのです。その要求に応えるために、株式会社の決算では、「貸借対照表」や「損益計算書」を作成して、株主の利益がどうなったかを報告しています。

　「貸借対照表」では株主の持分がどうなったかが分かります。貸借対照表では、事業に使えて将来の収入に結びつく資産と将来支払わなければならない負債が計上されます。その将来の収入と将来の支払の差し引きが株主の持分という訳です。

　「損益計算書」では会社の利益がどうなったか、株主の配当がどれくらいになるかが分かります。損益計算書では、売上がどれくらいあった

か、そのための費用がどれくらいかかったかが記載されます。そして、最終的にいくらの利益が出たかが計算されます。

　これに対して、自治体は、住民の福祉を向上させることが目的です。そのために税金の使い途が決められ、それに従ってサービスが提供されていなければなりません。また、サービス提供に必要な税金などの収入が入ってこなければ困ります。

　このため、決算では、税金が決められたとおりに使われたかどうかに焦点が当てられます。自治体の決算においては、「歳入歳出決算書」が作成され、予算額と実際の収入額、支出額が比較されています。歳入の部では、予定どおりに税金や補助金が入ってきたかどうかが分かります。歳出の部では、決められた目的に従って支出が行われたかどうかが分かります。自治体は、住民の福祉向上のために行政サービスを提供しています。そのために、市民は税金を納めて、その使い途を予算という形で議会を通じて間接的に決めています。そして、自治体は、そのとおりに使ったかどうかを予算と比較して、決算として報告しているのです。

【株式会社との違い】

	決算の目的	主な決算書類	決算書で分かること
株式会社	株主の利益がどうなったか	貸借対照表	株主の持分がどうなっているか
		損益計算書	今期いくらの利益が出たか
自治体	税金が決められたとおり使われたか	歳入歳出決算書	予算額と実際の収入額、支出額を比較 • 予定どおりに税金や補助金が収入できたか • 決められた目的に従って支出が行われたか

◢ 収入の性質の違い

　株式会社の収入は、モノの販売やサービスの提供の対価として、お客さんが支払ったものです。お客さんは誰から強制された訳ではなく、自

らの意思で、好きなお店からモノを買ったり、サービスを受けたりします。

　自治体の収入は、主に税金です。これは自治体から受ける行政サービスの対価として支払っているものではありません。行政サービスを受ける受けないにかかわらず、法律に従って納めるものです。また、住んでいる自治体以外の自治体に好きなように税金を納めることもできません。

◤ 資産の性質の違い ────────────

　株式会社の土地や建物などの資産は、その資産が将来、会社の利益をもたらすものとして評価されます。工場は製品を生産して、最終的にはそれが売上となって会社の利益となります。店舗であれば、その店舗で商品が売れることにより、やはり会社の利益になります。

　自治体の土地や建物などの資産は、基本的に利益を生みません。道路用地となっている土地は、一部の有料道路を除くと自治体の収入に結びつきません。市役所などの建物もそれ自体は収入を生んでいる訳ではありません。

　こういった決定的な違いがあるにせよ、現状の自治体会計では十分把握できない、資産や負債の状況や、行政サービスに係るコスト情報を補うために、企業会計の慣習を取り入れていこうというのが、この地方公会計なのです。

2　自治体の財務書類を見てみよう

> **ここがポイント**
>
> 　地方公会計による自治体の決算書類を財務書類といいます。財務書類には、自治体の財政状態を見るための貸借対照表と、1年間の収入やコストを見るための、行政コスト計算書と純資産変動計算書があります。また、お金の動きを見るために資金収支計算書も作成されます。

◤ 自治体の財務書類の種類と役割

　それでは、地方公会計を使った自治体の財務書類を見てみましょう。

　地方公会計の最大の特徴は、会計の対象を現金だけでなく、固定資産や将来の負担も対象にしていることです。従来からの法定の決算では、歳入歳出に焦点を当てていたので、その年度の現金の出入りだけを報告すれば足りていました。これに加えて、過去の年度から積み重ねられてきた、固定資産の残高や将来負担することになる債務の残高も報告に含めます。

　株式会社の決算書では、「損益計算書」と「キャッシュフロー計算書」が決算年度のお金などの出入り（これをフロー（〈お金の〉流れ）といいます）を表しています。そして「貸借対照表」の資産、負債が過去からのストック（貯っていくもの）を表します。「純資産変動計算書」は、貸借対照表の資産と負債の差額（純資産といいます）の増減の状況（これもフローです）を表します。

　地方公会計でも、この4つの決算書に対応した財務書類を作成します。「行政コスト計算書」「純資産変動計算書」「資金収支計算書」がフローを、「貸借対照表」がストックを表します。

100

【財務4表】

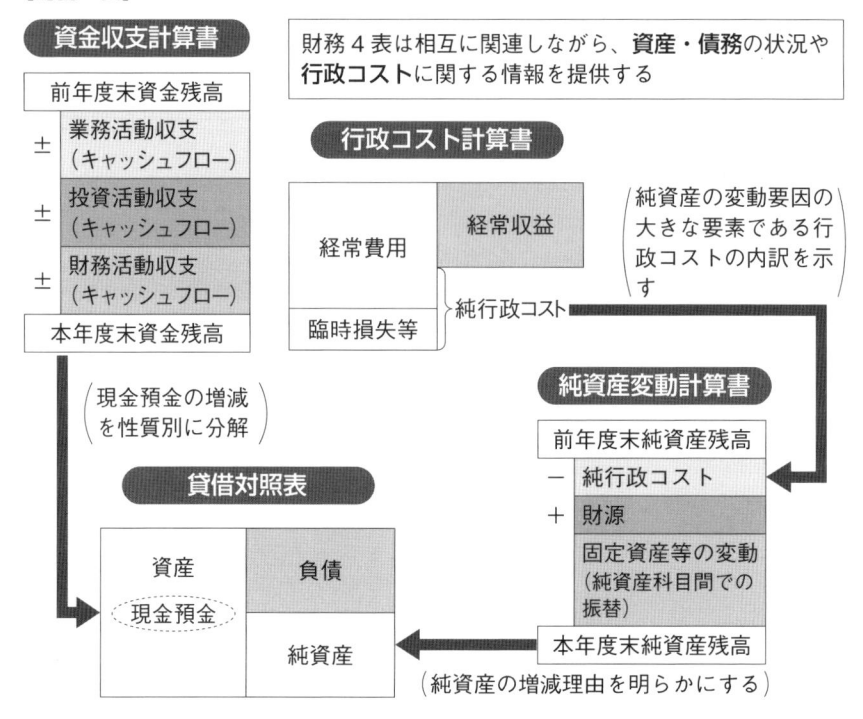

従来の自治体会計との違い

　今までの自治体の会計の考え方と地方公会計の考え方の大きな違いは、お金の流れについての考え方が大きく違っていることです。今までの自治体の会計では、その年度に入ってくるお金と、その年度に出て行くお金だけを見てきました。すなわち、歳入と歳出です。地方公会計では、お金の流れと同時にそのお金の行く先によって、扱いを変えることになります。

　お金、すなわち現金の支出には、支出の対象によって3つの違った性格があります。1つ目は、人件費や物件費のように、その年度の行政サービスを提供することに直接使われるもの。2つ目は、施設の建設や設備の購入のように、翌年度以降でも使えるものに対する支出。3つ目は、地方債の返済のように、過去から受け継いだ債務に対する支出。

　今までの自治体の会計の歳出では、全部その年度の支出として決算書に出ていました。現金の出入りだけを見ると、全部、現金の支出という点では同じだからです。地方公会計では、この3つの支出に別々の意味を持たせています。

　1つ目のその年度の行政サービス提供に直接使用される支出は、そのまま、その年度の「行政コスト」となります。「行政コスト」というのは、行政サービスを提供するのに係るコストのことです。コストというのは必ずしも現金の支出を伴うものではないというところが、ミソです。それは2つ目の支出と関連してきます。

　2つ目の翌年度以降でも使えるものに対する支出は、その年度の「行政コスト」にはしません。ひとまず、固定資産として貸借対照表にその取得のための支出金額を載せておくことになります。それでは、いつ「行政コスト」になるのでしょうか。固定資産は何年間にもわたって行政サービスの提供を続けることになります。その施設や設備を使っている期間中、毎年毎年、一定の金額を「行政コスト」に振り替えていくことになります。こうすることによって、施設や設備に支出した年度だけでなく、使っている間の年度で均等に行政サービスに対するコストを負担させることができるようになります。これが減価償却と呼ばれる仕組みです。つまり、固定資産の取得にかかったお金を分割して将来のコストにする仕組みです。

　3つ目の過去から受け継いだ債務に対する支出も、その年度の「行政コスト」にはしません。それは、いつ「行政コスト」になるのでしょうか。実はこの、3つ目の支出は「行政コスト」にならないことになります。

　地方公会計では、地方債のような借金は、過去の年度で現金が入ってきますが、その入ってきた年度の収入にはしません。収入と同時に将来の返済義務という負債が発生するからです。同じように、返済するときも「行政コスト」にはしません。現金の支出と同時に負債が減少するからです。単に、お金が入ってくる時期と出て行く時期がズレているだけで、収入もコストも発生していないということです。

　従来のような現金の出入りだけを記録して、決算書類を作成するのは、単純で分かりやすいのが利点といえます。一方、地方公会計の利点は何でしょう。

　地方公会計で、今見てきたように、現金の出入りに色々な意味を持たせるのは、この方が実際の行政サービスにかかっているコストの計算が正確にできるからです。施設や設備を造った年度だけにその支出をコストとするのは、その年度の住民の負担だけを増やすことになります。また、借金による現金の入りを借金した年度の収入にしてしまうのも、違和感があります。つまり、地方公会計の利点は、自治体の経済活動を正しく把握できることなのです。

　それでは地方公会計の財務書類を1つずつ見ていきましょう。

貸借対照表

　貸借対照表の内容は、大きく3つに分かれます。「資産」と「負債」と「純資産」です。貸借対照表は別名「バランスシート」とも呼ばれますが、「資産」と「負債」「純資産」の合計が同じ金額になるように作成されます。表を左右に分けて、左側に「資産」が右側に「負債」と「純資産」が来るように配置しています。これで、視覚的にも「資産」と「負債」「純資産」がバランスしているのが分かります。

【貸借対照表】

○○市の財務書類（普通会計）

1　貸借対照表（バランスシート）

一般会計等　　　　　　　　　　（令和X1年3月31日現在）　　　　　　（単位：千円）

科目	金額	科目	金額
【資産の部】		【負債の部】	
固定資産	128,258,826	固定負債	34,540,693
有形固定資産	116,633,445	地方債	30,184,921
事業用資産	41,801,258	長期未払金	709,141
土地	20,402,166	退職手当引当金	3,646,631
立木竹	254,989	損失補償等引当金	−
建物	44,200,863	その他	−
建物減価償却累計額	△ 25,450,430	流動負債	4,337,511
工作物	8,558,776	1年内償還予定地方債	3,710,490
工作物減価償却累計額	△ 6,472,705	未払金	89,403
船舶	−	未払費用	−
船舶減価償却累計額	−	前受金	−
浮標等	−	前受収益	−
浮標等減価償却累計額	−	賞与等引当金	268,141
航空機	−	預り金	269,477
航空機減価償却累計額	−	その他	−
その他	−	負債合計	38,878,204
その他減価償却累計額	−	【純資産の部】	
建設仮勘定	307,599	固定資産等形成分	136,527,028
インフラ資産	74,538,728	余剰分（不足分）	△ 35,924,088
土地	1,258,107		
建物	102,871		
建物減価償却累計額	△ 68,550		
工作物	150,062,413		
工作物減価償却累計額	△ 82,566,547		
その他	−		
その他減価償却累計額	−		
建設仮勘定	5,750,434		
物品	1,922,869		
物品減価償却累計額	△ 1,629,409		
無形固定資産	−		
ソフトウェア	−		
その他	−		
投資その他の資産	11,625,381		
投資及び出資金	6,489,065		
有価証券	10,605		
出資金	6,478,460		
その他	−		
投資損失引当金	△ 7,376		
長期延滞債権	326,115		
長期貸付金	113,238		
基金	4,718,478		
減債基金	−		
その他	4,718,478		
その他	−		
徴収不能引当金	△ 14,139		
流動資産	11,222,317		
現金預金	2,583,912		
未収金	65,663		
短期貸付金	24,769		
基金	8,548,033		
財政調整基金	7,657,306		
減債基金	890,727		
棚卸資産	−		
その他	−		
徴収不能引当金	△ 59	純資産合計	100,602,940
資産合計	139,481,144	負債及び純資産合計	139,481,144

104

○ 固定資産

　地方公会計の貸借対照表では、株式会社などと同じように有形固定資産は、土地、建物など、資産の種類ごとに分類されて記載されています。これまでの法定の決算では、財産を数量（㎡など）での表示ですが、貨幣単位（円単位）での表示になっています。

　株式会社などと違っているのは、「事業用資産」と「インフラ資産」の区分が設けられているところです。地方自治体は、道路や下水道のように、目的以外の方法で使用することのできないネットワーク化された資産を持っています。これらの資産は、移動させることができませんし、制約があって容易に処分できない、といった性質があります。こういった資産を「インフラ資産」として整理しています。「インフラ資産」

【資産の部（抜粋）】

固定資産	128,258,826
有形固定資産	116,633,445
事業用資産	41,801,258
土地	20,402,166
立木竹	254,989
建物	44,200,863
建物減価償却累計額	△ 25,450,430
⋮	⋮
インフラ資産	74,538,728
土地	1,258,107
建物	102,871
建物減価償却累計額	△ 68,550
⋮	⋮
物品	1,922,869
物品減価償却累計額	△ 1,629,409
無形固定資産	–
ソフトウェア	–
その他	–
投資その他の資産	11,625,381
投資及び出資金	6,489,065
有価証券	10,605
出資金	6,478,460
その他	–
投資損失引当金	△ 7,376
長期延滞債権	326,115
長期貸付金	113,238
基金	4,718,478
減債基金	–
その他	4,718,478
その他	–
徴収不能引当金	△ 14,139

以外の土地や建物は「事業用資産」に計上されています。

　「投資及び出資金」には、株券などの有価証券が記載されます。また、第三セクターへの出資金も記載されます。出資の対象が慢性の赤字に陥っているなどで、出資金の価値が低下している場合は、「投資損失引当金」にその低下した金額を記載し、出資金から差し引きます。

　「貸付金」には、貸付金の元金が記載されます。「貸付金」は翌年度に償還期限が来るものを流動資産の「短期貸付金」に、それ以外のものを固定資産の「長期貸付金」に整理します。また、「基金」には、財政調整基金と減債基金（満期一括償還地方債の財源）以外の基金の残高が記載されます。財政調整基金と減債基金（満期一括償還地方債の財源以外）は現金と同じように扱われ、流動資産の中に含めています。

○　流動資産

　流動資産は、支払などにすぐに使える資産のことです。現金や預金の形になっているのが一般的です。これは株式会社なども同じです。

　「財政調整基金」は、特定の目的を持って積立てている基金ではないため、必要に応じ取り崩して支払に充てることができます。

　「減債基金」は、将来の地方債の返済に充てるためのものですが、満期一括償還地方債の財源となるもの以外は財政調整に使われることから、流動資産に区分して他の基金と区別しています。

　「現金預金」には、出納整理期間（4月1日〜5月31日）の現金の出

【流動資産】

（単位：千円）

流動資産	11,222,317
現金預金	2,583,912
未収金	65,663
短期貸付金	24,769
基金	8,548,033
財政調整基金	7,657,306
減債基金	890,727
棚卸資産	－
その他	－
徴収不能引当金	△ 59

入りも含んでいます。よって、株式会社などのように決算日（3月31日現在）の現金預金の残高を表しているのではないところに注意が必要です。

「未収金」は、税金やその他の債権のうち収入未済になっているものです。債権はあるものの、徴収ができない未収金の見込額は「徴収不能引当金」に記載します。

○ 負債

負債は、その返済期日が1年以内に到来するものを「流動負債」、それ以外を「固定負債」に分けて記載します。同じ内容のものでも、返済期日が1年以内かどうかによって、「流動」と「固定」に分けて記載されることになります。これは株式会社などでも同じです。

「地方債」は、地方債残高が記載されます。地方債のうち、1年以内に返済するものは、「流動負債」に、それ以外は「固定負債」に計上します。

「長期未払金」と「未払金」には、自治体が支払わなければならない債務負担行為が記載されます。ただし、支払うべき金額が確定している

【負債の部】

（単位：千円）

【負債の部】	
固定負債	34,540,693
地方債	30,184,921
長期未払金	709,141
退職手当引当金	3,646,631
損失補償等引当金	－
その他	－
流動負債	4,337,511
1年内償還予定地方債	3,710,490
未払金	89,403
未払費用	－
前受金	－
前受収益	－
賞与等引当金	268,141
預り金	269,477
その他	－
負債合計	38,878,204

ものだけが対象です。これも、1年を基準に固定負債と流動負債に分けて記載されます。

「退職手当引当金」は、職員が退職する際に支給する退職手当の金額を、その年度末に全員退職するものと仮定して計算します。引当金というのは、実際に現金の支払がなくても、将来の支払が確実なものについて、その年度までに発生した分を計上しておくものです。職員の退職手当は、その職員が退職するときに支払われるものですが、その職員が行政サービスを提供してきた期間全体にわたって、コストが発生していると考えます。減価償却では、前に支払った金額（資産の取得金額）を後からコストに振り替えていきますが、引当金では、後で支払う金額（退職手当額）を前にコストとして振り替えておくのです。

「損失補償等引当金」には履行すべき額が確定していない補償契約額が計上されています。履行すべき額が確定しているものは「未払金」に計上されます。また、単に契約を結んでいるだけのものは、ここには含みません。

「賞与引当金」には、6月に支給される賞与（期末勤勉手当）のうち、決算年度中に発生していた分を計上します。6月と12月に期末勤勉手当が支給される場合、6月の支給額の対象は、12月から5月までの勤務ですから、12月から3月までの4ヶ月分は、前の年度のコストと考えるのです。よって、賞与引当金に計上すると同時に、行政コストにその金額が含まれることになります。

○ 純資産

純資産は、資産から負債を引いた残りです。純資産は何を表しているのでしょうか。株式会社と自治体では、その意味が違っています。

株式会社の貸借対照表においては、純資産は株主の持分を意味します。資産は現在の金銭的価値または将来の金銭獲得の能力を表しています。その金額（資産）から株主以外への返済義務である負債の金額を引いた残りの金額が純資産だからです。

自治体においては、資産は将来の金銭獲得能力を表しません。むしろ

道路、橋などの建設のために過去に使ってしまった金銭の額を示しています。資産をサービス提供能力と捉えるならば、サービス提供能力を手に入れるために過去の世代が使ったお金の合計が資産です。負債は地方債などで、サービス提供能力を手に入れるために借りたお金と考えることができます。そして、その借りたお金は将来の世代が返済することになるのです。つまり、サービス提供能力のうち、将来の世代が負担する金額が「負債」になります。そして、その資産から負債を引いた部分が「純資産」で、過去の世代が負担した金額（支払済み）ということになります。

【純資産の部】

（単位：千円）

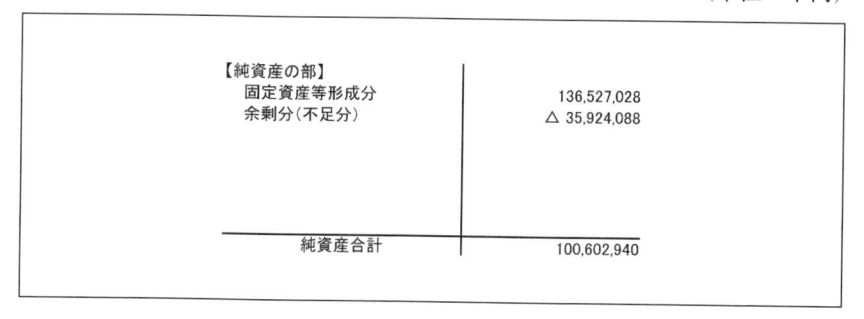

【純資産の部】	
固定資産等形成分	136,527,028
余剰分（不足分）	△ 35,924,088
純資産合計	100,602,940

○ 貸借対照表の見るべきポイント

　貸借対照表を前にして、もし、1つだけ見るところを挙げるなら、「純資産」といえます。

　前に述べたとおり、貸借対照表の左側に記載されている「資産」は税収や国庫補助金などの収入と借入金などによって作られたものです。右側に記載されている「負債」は、「資産」を作るための財源のうち、まだ返済していない部分です。言い換えると、将来の税収などで返していかなければならない部分を表しています。

　「純資産」は「資産」と「負債」の差額ですから、「資産」のうち、過去の税収等で賄った、もう返さなくてもいい部分を表しています。

その「純資産」の増減は、新しく公園を造るなどの新たな事業や投資に、今、使えるお金の残高を示しています。見方としては、「純資産」の金額がいくらあるかを見るのではなく、前の年度の「純資産」からいくら増えたか、いくら減ったかを見る必要があります。また、「純資産」を「資産」で割った「純資産比率」を計算して、それを前年度の比率と比較することも有効です。増えていれば、新しい事業に使えるお金が増えていることを意味します。

◢ 行政コスト計算書と純資産変動計算書

行政コスト計算書は、株式会社であれば損益計算書に当たるものです。すなわち、その年度の行政コストがどのようなものに充てられているか、収入がどうなっているか、を記載したものです。ただし、税収入が純資産変動計算書で計算されているために、行政コスト計算書だけでは、コストと収入のバランスを見ることができません。

そこで、「行政コスト計算書」と「純資産変動計算書」を繋げてみることをお奨めします。

○ 行政コスト計算書

「行政コスト計算書」は、自治体の行った行政サービスにかかったコストがいくらであったかを計算しています。その行政サービスにかかる人件費や物件費（人件費以外のモノに対する費用）、支払利息などの業務費用から、その行政サービスの対価である使用料や手数料などを控除した金額を「行政コスト」として計算します。実際の計算では、補助金や社会保障給付費などの支出や臨時収入などを加味して「純行政コスト」を出します。

この「純行政コスト」の数値が「行政コスト計算書」と「純資産変動計算書」を繋いでいます。

【行政コスト計算書】

自　令和X1年 4 月 1 日
至　令和X2年 3 月31日

一般会計等　　　　　　　　　　　　　　　　　　（単位：千円）

科目	金額
経常費用	24,777,059
業務費用	11,619,693
人件費	4,239,011
職員給与費	3,160,900
賞与等引当金繰入額	268,141
退職手当引当金繰入額	－
その他	809,970
物件費等	6,830,477
物件費	2,600,208
維持補修費	255,937
減価償却費	3,967,650
その他	6,683
その他の業務費用	550,204
支払利息	256,333
徴収不能引当金繰入額	13,205
その他	280,666
移転費用	13,157,366
補助金等	7,361,052
社会保障給付	3,985,205
他会計への繰出金	1,768,367
その他	42,741
経常収益	901,341
使用料及び手数料	313,901
その他	587,440
純経常行政コスト	23,875,717
臨時損失	9,342,526
災害復旧事業費	1,757,330
資産除売却損	323,269
投資損失引当金繰入額	△ 122
損失補償等引当金繰入額	－
その他	7,262,050
臨時利益	80,924
資産売却益	491
その他	80,433
純行政コスト	33,137,319

（コストなのでマイナスとして記載します）

【純資産変動計算書】

自 令和X1年4月1日
至 令和X2年3月31日

一般会計等 （単位：千円）

科目	合計	固定資産 等形成分	余剰分 (不足分)
前年度末純資産残高	102,905,081	136,641,468	△ 33,736,387
純行政コスト(△)	△ 33,137,319		△ 33,137,319
財源	30,872,312		30,872,312
税収等	18,406,779		18,406,779
国県等補助金	12,465,533		12,465,533
本年度差額	△ 2,265,007		△ 2,265,007
固定資産等の変動(内部変動)		52,894	△ 52,894
有形固定資産等の増加		2,886,364	△ 2,886,364
有形固定資産等の減少		△ 4,213,582	4,213,582
貸付金・基金等の増加		1,637,831	△ 1,637,831
貸付金・基金等の減少		△ 257,719	257,719
資産評価差額		－	
無償所管換等	△ 167,334	△ 167,334	
その他	130,200	－	130,200
本年度純資産変動額	△ 2,302,141	△ 114,440	△ 2,187,701
本年度末純資産残高	100,602,940	136,527,028	△ 35,924,088

○ 純資産変動計算書

　「純資産変動計算書」には、前年度の純資産の内訳が「期首純資産残高」として記載されており、その金額に決算年度における変動要因を加減して、決算年度末の純資産額が計算されています。

　純資産変動計算書の上半分は、行政コスト計算書に繋がる部分です。「純行政コスト」は純資産を減らす要因ですから、マイナスにして記載されています。そのマイナスの数値に、一般財源である「税収等」を収入として加え、さらに国や都道府県からの補助金を加えれば、決算年度のすべてのコストと収入が差し引きされます。これは、株式会社の損益計算書と同じように決算年度の財政運営の結果を示します。黒字であればコストを収入で賄えたことになります。

　下半分は、固定資産等の変動についての内訳の振り替えです。

　「固定資産等の変動（内部変動）」は、純資産の内訳である「固定資産等形成分」と「余剰分（不足分）」との間の数値の移動です。

　「有形固定資産等の増加」では、「資産」に計上した固定資産の金額分が、将来使用できる財源である「余剰分」から「固定資産等形成分」に移されます。

　「有形固定資産等の減少」では、主に「資産」に計上されている固定資産の減価償却による減少が「固定資産等形成分」から「余剰分」に戻ってきます。

　減価償却でなぜ財源が増えるのでしょうか。これは資金の流入などによって財源が増えているのではありません。「行政コスト計算書」において、行政コストとして減価償却費を含めています。これは、純行政コストの中に減価償却がマイナスとして入っていることを意味します。表の２行目に記載されているように、この純行政コストのマイナス分によって「余剰分（不足分）」は減少させられています。実際には、減価償却費でマイナスになるのは固定資産ですから、純資産の内訳で「固定資産等形成分」をマイナスにして「余剰分（不足分）」の減少分を戻しているのです。ちょっと複雑になっていますが、行政コストとして発生した減価償却費は「余剰分」を減少させるのではなく、「固定資産等形

成分」を減らすのだと考えてください。

　最後に「資産評価差額」と「無償所管換等」を計算して、期首純資産残高から加減すると「本年度末純資産残高」が計算できます。これは、貸借対照表の純資産の内訳と一致します。

■ 資金収支計算書

　地方公会計の資金収支計算書は、株式会社などで作成されているキャッシュフロー計算書などと似かよった構成になっています。株式会社などで作成されている一般的なキャッシュフロー計算書では、株式会社の本業である「営業活動」、施設設備への「投資活動」、資金調達や株式などに係る「財務活動」の3区分となっています。

　これに対して、地方公会計では、「業務活動収支」、「投資活動収支」、「財務活動収支」の3区分になっています。株式会社のキャッシュフロー計算書と同じように自治体の支出と収入はその性質によって区分されます。

　資金収支計算書の見方は、株式会社などのキャッシュフロー計算書の見方と同じです。

　2つ目の区分である「投資活動収支」は基本的に赤字になります。これは道路や施設を建設するための資金の流出を表していることによるものです。補助金等の財源は建設費よりも少ない（通常は建設費の範囲内）ため、黒字になることは稀です。

　「投資活動収支」の赤字を賄うのは、3つ目の区分である「財務活動収支」で、地方債の発行などで資金を確保します。しかしながら、一方で、投資活動を抑制し、過去に発行した地方債の償還を多くすると、この区分も赤字になります。ここが赤字の場合は、将来負担を減らしているということです。

　「投資活動収支」と「財務活動収支」の合計は、通常は赤字となります。これは、「財務活動収支」が黒字であったとしても、地方債の発行による資金流入は、建設等の投資活動に必要な資金の額を上回ることはないためです。

　この赤字を賄うのは、１つ目の区分である「業務活動収支」です。税収や地方交付税などの経常的な収入から、人件費や物件費として支払われた資金を差し引いた財源が、建設などの投資や地方債償還による赤字に充てられるのです。

【資金収支計算書】

自　令和X1年 4 月 1 日
至　令和X2年 3 月31日

一般会計等　　　　　　　　　　　（単位：千円）

科目	金額
【業務活動収支】	
業務支出	20,823,303
業務費用支出	7,595,777
人件費支出	4,207,302
物件費等支出	2,886,802
支払利息支出	256,333
その他の支出	245,340
移転費用支出	13,227,526
補助金等支出	7,431,212
社会保障給付支出	3,985,205
他会計への繰出支出	1,768,367
その他の支出	42,741
業務収入	30,222,553
税収等収入	18,424,061
国県等補助金収入	11,023,721
使用料及び手数料収入	308,942
その他の収入	465,829
臨時支出	9,097,909
災害復旧事業費支出	1,757,330
その他の支出	7,340,579
臨時収入	87,627
業務活動収支	388,967
【投資活動収支】	
投資活動支出	3,919,195
公共施設等整備費支出	2,886,364
基金積立金支出	751,367
投資及び出資金支出	273,544
貸付金支出	7,920

その他の支出	－
投資活動収入	1,811,278
国県等補助金収入	1,441,812
基金取崩収入	218,933
貸付金元金回収収入	30,315
資産売却収入	1,683
その他の収入	118,536
投資活動収支	△ 2,107,917
【財務活動収支】	
財務活動支出	3,790,888
地方債償還支出	3,790,888
その他の支出	－
財務活動収入	5,693,200
地方債発行収入	5,693,200
その他の収入	－
財務活動収支	1,902,312
本年度資金収支額	183,363
前年度末資金残高	2,131,072
本年度末資金残高	2,314,435

前年度末歳計外現金残高	368,929
本年度歳計外現金増減額	△ 99,452
本年度末歳計外現金残高	269,477
本年度末現金預金残高	2,583,912

3 連結財務書類

　地方公会計では、自治体の財政状態などを、その自治体だけの決算に止まらず、自治体が責任を負っている第三セクターなどの決算と連結してみることになっています。これにより、自治体の真の財政状態が示されます。

■ 全部合わせて真の自治体の財政状態

　地方公会計の特徴の1つは、自治体自身の決算の状況だけでなく、自治体が責任を負っている第三セクターなどの決算を連結して、自治体の真の財政状況を明らかにすることです。そのために必要なのが、「連結財務書類」です。

　第三セクター方式では、住民に対する行政サービスの一部を第三セクターに行わせます。そのためにその第三セクターの資金調達に自治体が損失補償を付けている場合があります。したがって、これらの団体の財政状況の悪化は自治体の将来負担を増やすことになります。つまり、第三セクターのために住民の税金で債務を負担する必要が生じるのです。また、本来あるべきではないことですが、補助金などを過大に交付することにより、自治体の資産を第三セクターに付け替えておくことも資金の面だけを見れば可能です。

　連結財務書類により、それらの動きを含めた自治体の財政状態が明らかになります。これは従来の法定の決算書類からでは分からなかったものです。この連結財務書類と健全化判断比率の将来負担比率を見ることで、自治体の置かれている状況や将来負担の状況をより深く知ることができます。

■ 「連結」するのはなぜか

　株式会社などでも財務書類は連結して見ることが重要だといわれています。連結というのは、株式会社では、支配している会社、すなわち親

会社の会計と、支配されている会社、すなわち子会社を1つの企業集団とみなして、決算書類を作ることです。親会社は、子会社の大株主であったり、株式を背景に役員を送り込んで経営上の決定権を持っていたりします。それにより、親会社と子会社の間の仕入れや、子会社同士のモノの売り買いは、親会社のコントロールを受けることになります。つまり、財政状態を見るときに、親会社やそれぞれの子会社の決算だけでは、親会社の財務的な意図が入るため、実態が正しく掴めないのです。

　自治体の連結も関連団体への財務的な影響を見るという点では同じです。特定の行政サービスを提供させるために、自治体が出資して第三セクターを作ったとします。その行政サービス提供のための施設を、その第三セクターが自治体の信用で銀行からの借り入れで建設したら、その借金の返済は誰がすることになるでしょう。市民が必要とする行政サービスにかかる費用は、自治体が行っても第三セクターが行っても、最後には税金で支払われることになります。しかし、自治体の決算だけを見ていたのでは、第三セクターが持っている借金は分かりません。

　連結貸借対照表を見れば、自治体の抱えている地方債だけではなくて、第三セクターの借入金も合計されて出てきます。もちろん、連結行政コスト計算書には、自治体が負担した行政コストだけではなくて、第三セクターがサービス提供に要したコストも出てきます。市民が受ける行政サービス全体のコストと将来の負担が、連結財務書類で明らかになるというわけです。

4 バランスシートで分かること

┌─ ここがポイント ─┐

地方公会計の導入で、新たに分かることがあります。資産の価値がどれくらいあるのか、将来の負担がいくらになるのか、行政サービスにかかったコストはいくらか、などです。また、これらの情報を迅速に予算編成に活かすことで、より住民のニーズに沿った施策を展開できることが期待されます。

◢ どれくらいの資産があるのか

地方自治法で定められた従来の決算でも、「財産に関する調書」で自治体の保有している財産が示されています。しかし、前に述べたとおり、法定の「財産に関する調書」では、土地や建物など、その多くの項目で財産の数量で表されています。したがって、面積や個数による残高や増減高が分かるだけです。その財産の貨幣価値は表示されてはいません。

もっとも、数量による表示にも利点はあります。例えば、学校用地であれば、「その土地にいくらの貨幣価値があるか」よりも、「その土地は教育を行うのに十分な面積があるか」の方が重要な情報かもしれません。

しかしながら、土地の取得や建物の建設を地方債を使って行ったのであれば、その借り入れに見合った財産価値が残っているのか、という情報は必要です。また、利用していない土地があるのであれば、その土地を売却したら、他人に貸し付けたらいくらになるかは、土地利用を効率的に行うために必要な情報です。

地方公会計では、自治体の持っている財産を資産という形で、貨幣価値として金額で表示します。これにより、数量だけでは分からなかった財産の価値についての情報を得ることができます。

◢ 将来の負担はどうなるか

　地方債の残高は、地方自治法で定められた決算書類では出てきませんが、決算に合わせて公表している自治体は多いようです。また、決算統計を基に作成・公表されている決算カードにも地方債の残高は記載されています。

　しかし、自治体が負っている将来の負担額は、地方債だけではありません。

　金額では地方債が一番大きいものですが、ほかに重要なものとしては、職員に将来支払われる予定の退職手当があります。職員の退職手当は、給料の後払いの性格がありますから、職員が退職するときの税金で一括して賄うというより、その職員が在職している期間（すなわち住民にサービスを提供している期間）を通して負担されるべきものです。

　また、第三セクターの借入に際して自治体が負っている債務保証や損失補償も法定の決算書類には出てきません。

　地方公会計による財務書類には、将来の職員退職手当を引当金の形で負債として記載してあります。また、損失補償等は、負担する額が決まったものについては負債として記載することになっています。

　さらに、連結貸借対照表では、自治体本体（普通会計・公営企業会計）の地方債や退職手当引当金のほかに、第三セクターなどの借入金や第三セクターの職員退職に係る引当金などが連結されていますので、真に自治体が負担することになる負担額が明らかになります。

◢ 行政サービスにかかるコストはいくらか

　例えば、公民館を運営する（公民館サービスを住民に提供する）のに係るコストはいくらでしょうか。地方自治法で定められている従来の自治体の会計や決算では、現金支出がある人件費や光熱水費、清掃などの委託料は、計算されています。また、建物の建設や備品の購入費もその支出された年度において歳出として計算されています。地方自治法の歳入・歳出は現金の出入りを基にして計算する、現金主義を採っているからです。

　しかし、公民館の運営に係るコストをきちんと計算するためには、それだけの情報では不十分なのです。光熱水費や委託料は支払った金額のままで構いませんが、人件費や建物・備品の購入費は、支払った金額のままではコストとしては使えません。

　人件費には、その年に給料などで支払った金額だけが歳出として出てきます。しかし、現金の支出だけを捉えていると、その職員が退職する際に支払うであろう退職手当などがコストとしての人件費に含まれていないことになります。地方公会計では、発生主義という、現金支出の有無に関係なく、発生した人件費（すなわち将来支払う退職手当の年割り額）もその年度のコストとして把握されます。

　建物・備品の建設や購入では、建設した年、購入した年だけ、大きな現金支出として現れます。これをその建設年度や購入年度のコストとしてしまうと、翌年度以降の、それを使い続けている年度のコストと大きく差が出てしまいます。発生主義では、建物・備品のコストは、建設や購入の年度に一度に発生したとは考えません。建物や備品を使い続けることのできる期間（耐用年数といいます）に配分して、それぞれの年度のコストとして計算します（これを減価償却費といいます）。

　こうして、発生主義によってコストを把握した上で、そのコストが回収されているかを考えます。回収というのは、コストに見合った収入を得ることです。自治体は営利企業ではありませんから、利益を上げる必要はありません。しかし、そのコストは最終的に住民の負担として回収されることになる点を忘れてはなりません。1つは、その施設の利用料金として利用者から受け取る収入として回収すること。そして、利用者からの収入で不足する分を税金などで補うこと。それらで、コスト（この例では公民館サービスを提供するコスト）が賄えないと、その公民館事業は破綻していることになります。

◤ 行政コストの正体

　歳出は、1年度間の現金の支出を指しますが、「行政コスト」には現金支出以外のものも含まれています。それから、施設の建設費や地方債

の償還は「行政コスト」には含めません。「コスト」というのは「失うもの」という意味で使われていますが、施設の建設や地方債の償還では「失うもの」はないからです。地方公会計で使われている「発生主義」でみると、確かに建設費の支出で「現金」は減少します。しかし、それと同じ価値の「建物」が手に入りますから、自治体としては「失ったもの」はないことになります。減ったものと増えたものが同じ価値だからです。

　地方債の発行は歳入で、現金が入ってきます。しかし、「発生主義」では収入として扱いません。現金が入ってきますが、同じ額の将来の負担、すなわち「負債」が増えることになるからです。現金という「資産」は増えましたが、将来返さなければいけない「負債」も増えましたから、自治体として「得たもの」はないことになります。地方債の償還はその逆です。地方債を償還するために、現金は出て行きますが、同じだけ「負債」は減りますから、自治体は「失うもの」はないことになります。

　したがって、施設の建設や地方債の償還は、現金の支払はあっても行政コストに入らないのです。それでは、行政コストに含まれる「現金支出以外のもの」というのは何でしょう？

　それには2つのものがあります。1つは、過去の現金支出を分割して現在のコストにするものです。もう1つは、将来の現金支出を分割して現在のコストにするものです。

　過去の現金支出は、先に述べた「施設の建設費」が代表選手です。

　建設したとき、建設費を支出したときには「行政コスト」には含めません。その代わりに「建設したとき」ではないときに「行政コスト」になります。施設は使っているうちに古くなって、最後には使えなくなってしまいます。この使えなくなってしまうまでの期間を「耐用年数」といいます。「発生主義」では、施設、すなわち「建物」という資産の価値が段々減っていくと考えます。これを「減価償却」といいます。施設を建設したときは、現金支出で「現金」が減ったけれども、「建物」が増えたから、「失ったもの」はない、と説明しました。今度は、減価償

却によって「建物」の価値が減ってしまいますから、「失うもの」が出てきたわけです。すなわち、「行政コスト」が発生するということです。「建物」の価値が減った分を「減価償却費」という「コスト」として計算します。施設の建設費は、施設が行政サービスを提供している期間に分割されて「コスト」となります。これは「耐用年数」の間、ずっと発生します。

「将来の現金支出」を分割して「現在のコスト」にするものの代表選手は「退職手当」です。「退職手当」は、施設で働いている職員が、将来、退職するときに現金支出として支払われるものです。退職手当は給料の後払いの性格があります。施設で行政サービスを提供するために働いている職員の給料は、人件費としてその年度の「行政コスト」に含まれています。しかし、将来の現金支出は人件費に含まれていません。退職手当は、その職員がサービスを提供していた期間、すなわち働いていた間の「コスト」として計算しておくことになります。そのコストを全部合わせると退職手当と同じ金額になります。退職するまでの間は現金支出はないから、現金支出以外の「行政コスト」ということになります。つまり、「将来の現金支出」を分割して「現在のコスト」にするわけです。

現金の支出は、「建設したとき」とか「退職したとき」に偏って大きくなりますが、「行政コスト」は行政サービスの提供に合わせて計算されることになります。

◢ 予算編成に財務書類を活かすこと ────────

発生主義による地方公会計は、どのように予算に活かすことができるでしょうか。

予算を編成することは、首長や議員、自治体の職員の最大の関心事です。住民に選挙で選ばれている首長や議員は、予算を通して、自分たちが選挙のときに掲げた住民への約束（当選したら、どんな行政サービスを実施するかなど）を実現しようとします。自治体職員は予算を執行することによって直接住民へのサービスを提供します。公民館サービスの

提供にしても、学校の授業も、生活保護費の支給も予算の裏付けがあってはじめて実施可能となるのです。

それゆえに、予算の見積りには大変な労力と調整を必要とします。自治体では様々な手続を経て予算を見積り、最終的には3月末までに、首長、議員が納得する形で予算が編成されていきます。

この予算編成に当たって、発生主義の考え方を取り入れることができます。

従来の予算編成は、基本的には現金主義でお金の出入りを基に行われています。すなわち、翌年度の税収などの収入を見積り、人件費や建設費、福祉・保健に係る支出を、現金の出入りだけを基準に積み上げているのです。もちろん、その現金収支の見積りに当たっては、地方債の発行額やそれらに対する地方交付税の交付見込みなど、複雑な計算の上で見積られているのは確かです。そして、この現金の積上げによる予算編成は、税金収入の配分方法を、住民に選ばれた首長が見積り、同じく住民に選ばれた議員が最終的に議会で決定するという自治体の民主主義的運営においては、不可欠なものです。

発生主義による会計情報は、これを補完するものとして、役立たせることができるでしょう。

ある施設（例えば公民館）の建設を従来の予算編成では、建設費の見積りを行い、その財源をその年度の税収（国・県からの補助金を含めて）で行うのか、不足する額を地方債の発行で賄うのかという形で、歳出と歳入を決めていきます。地方債の償還は後年度の負担になりますが、これも将来の現金支出として当然考慮されています。償還計画も将来の税収などを見込んで作成されます。

これに発生主義の会計情報を加えるとどうなるでしょうか。

公民館は建設することに意義があるのではなく、それが住民への行政サービスとして提供されることを目的としていることは当然です。そこで、前に述べたとおり、公民館サービスの提供に係るコストを発生主義により見積ることに意味が出てきます。公民館サービスのコストは、人件費なら退職手当分も含んだものですし、施設の面では、減価償却費と

して建設費を配分したコストを含んでいるものでした。一方、予定され
ている利用者数により料金収入を見込みます。コストと利用料金収入と
を比較すれば、公民館の運営のために投入しなければならない税金など
の額が求められます。

　現金主義の従来の予算に、発生主義の会計情報を加えることにより、
自治体の財政運営がより分かりやすくなり、住民に対する説明も容易に
なることが期待できるのです。

地方公会計と
地方債の償還などの繋がり

千穂　地方公会計を導入しても、予算の編成は現金主義ですよね。地方
　　公会計ではどうなんですか？

太一　地方公会計は発生主義を採っていることと、建物などの財産を資
　　産価値として把握しているので、一環したものとして捉えることが
　　できるよ。

　　　建設から運営、地方債の償還まで、一続きのものとして考えるっ
　　てことだね。

千穂　建物を建設した年度には行政コストは発生しないけど、地方債を
　　発行して現金預金が増え、建設費を支払って現金預金が減少する。

　　　仮に建設費の全額を地方債で賄ったとすれば、貸借対照表の中で
　　は、建物が増えて、同額地方債が増えるんでしたね。

太一　運営が始まると、

　　①行政コストが発生する。職員の給料支払などの人件費や光熱水費
　　　の支払は、行政コストの増加と同時に貸借対照表の現金預金の減
　　　少となって、バランスする。

　　②利用料金の収入は、行政コスト計算書の使用料収入の増加と同時

に貸借対照表の現金預金の増加になる。

③将来の退職手当に係るコストは、行政コストを増加させて、貸借
　対照表では負債である退職手当引当金を増加させることになる。

④減価償却費は、行政コストを増加させて、貸借対照表では、建物
　の価値を減少させる。

千穂　現金が出て行かなくてもバランスしますね。

　もし、利用料金が施設の運営に係る行政コストと同額だったら、
利用者が支払った料金は現金預金を増加させていますね。

　退職手当の分と減価償却費の分は現金預金が減りませんね。

太一　現金支出を伴わない行政コストの分だけ、現金預金は増えること
になるんだ。

　減価償却費に見合う金額は、地方債の償還に充てられることにな
る。建物の耐用年数と地方債の償還年数が同じだったら、減価償却
費と地方債の償還額は同額ってことになる。

　すなわち、貸借対照表では、負債である地方債が減少して、同
額、現金預金が減少してバランスする。その現金預金は、行政コス
トで現金支出がなかったために増えた現金預金が原資になってるわ
けだね。

千穂　退職手当の方も、将来、職員が退職するときのためのものだか
ら、現金預金として持っている方がいいですよね。

　退職手当積立金の形にすることも考えられます。施設の建設から
地方債の償還、職員の退職まで、会計上は繋がってるんですね。

正しい決算が作成されるための仕組み 第4章

1 不正を防ぐために

> **ここがポイント**
>
> 平成29年の地方自治法改正で導入された内部統制の仕組みは、自治体の会計や事務処理の流れを「見える化」します。その上で、不正やミスが起こらないように適時適切なチェックを入れていくことになります。

◤ 従来の不正防止の仕組み

平成29年の地方自治法改正で、自治体に内部統制の仕組みが導入されました。内部統制とは、主に会計において不正が起こらないように、事務処理の過程で適切なチェックを行う仕組みのことです。

これ以前にも自治体の会計の仕組みの中には不正が起こらないようにする制度はありました。

- 支出負担行為の確認：会計管理者が支払の前に行う履行確認
- 自己検査（会計検査）：首長が任命した検査員による会計検査
- 監査委員監査：首長から独立した監査委員による監査

また、毎月現金の出入りが適切に行われているかを監査委員が確認するための例月現金出納検査もあります。

◤ 内部統制って何だろう

少し前のことですが、株式会社において大規模な粉飾決算が行われ、外部からの監査のみではこれを防ぐことができず、企業の決算書への不

信が募りました。投資家（株主）は決算書を見て投資を決めるため、大問題となったのです。そこで、外部からのチェック（公認会計士による監査）の前提として、会社内部でのチェックを充実させることにしました。これが内部統制です。

内部統制の内容でもあるチェック活動自体は、制度以前からありました。これは職務分掌などといわれています。お金を扱う人と帳簿を付ける人、支払を決定する人を分けて、相互に牽制させること、物品の購入に際して、発注する人と納品をチェックする人を分けることなどは、昔から行っている内部統制活動です。

内部統制制度では、これらの対象となる事務処理を「見える化」し、不正が起こるリスクを評価して、適切なコントロールがなされるようにします。その上でそのコントロールがきちんと実施されているかをチェックします。このことにより、不正が起こることを予防するとともに、不正が行われていないことを内外に示すのです。

■ 自治体の内部統制

自治体における内部統制も基本的には株式会社などと同じ考え方です。チェック活動自体が以前から存在していたことも同様です。お金や物品を扱う会計管理者や出納員を首長から独立した職務としていたり、工事などに際して金額に応じて契約方法が変わったり、工事検査に当たる職員と監督員を分けたりしています。そして、平成29年の地方自治法改正には、内部統制が制度として盛り込まれました。

（1）財務などの事務の管理や執行が法令に従って適正に行われることを確保する（内部統制）ための方針を定めて体制を整備すること。

（2）この方針を公表すること。

（3）この方針と体制について評価した報告書を毎年度作成すること。

（4）この報告書を監査委員の審査意見を付けて議会に提出し、公表すること。

なお、現在のところ、これらは都道府県と政令指定都市に義務付けられており、その他の自治体では努力義務となっています。

◢ 内部統制の内容 ────────────

　総務省の出している「内部統制ガイドライン」では、内部統制には 4 つの目的と 6 つの基本的要素があるとされています。

【4 つの目的】

（1）業務の効率的で効果的な遂行

（2）財務情報等の信頼性の確保と適切な開示

（3）法令等の遵守

（4）資産の保全

【6 つの基本的要素】

（1）統制環境

（2）リスクの評価と対応

（3）統制活動

（4）モニタリング

（5）情報と伝達

（6）IT への対応

　そして、これらの基本的要素を PDCA サイクルに則って回していくことが大切です。特に、リスクの評価と対応、統制活動、モニタリングが重要です。

2 内部統制はどう機能するのか

> **ここがポイント**
>
> 　内部統制では、不正防止の仕組みをＰＤＣＡサイクルで回していきます。その中心活動が、「リスクの評価と対応」、現場の「内部統制活動」、「モニタリング」です。

■ リスクの評価と対応

　ＰＤＣＡサイクルでは「Ｐ」の Plan に当たります。

　事務を適正に進めていくためには、その事務に不正が起こり得る要素（リスク）への対応が必要です。すべての事務についてリスクを洗い出して、その評価を行い、対応方法を検討します。

　リスクの評価では、事務ごとに不正が起こりそうな処理を特定し、どのようなチェックを入れたら不正が起こらないかを文章や表にします（見える化）。

　事務には、単純なものから複雑なもの、影響の大きいものから小さいもの、回数や頻度が多いものから少ないもの、など色々なものが含まれます。特に影響が大きく頻度の多い事務についてはチェックを強化する必要があります。また、複雑な事務ではチェックも複雑にならざるを得ません。

　このリスクへの対応策自体は、既に行われていることも少なくないと思います。契約に際して金額に応じて決裁の手続を踏んでいくことや、納品された物品の検査を発注者とは別のセクションで行うことなどは、リスクへの対応策といえます。

■ 内部統制活動

　ＰＤＣＡサイクルの「Ｄ」、つまり Do です。

　リスクの評価と対応で見える化した対応策を実施します。不正が起こらないように適切にチェックを行っていきます。

◤ モニタリング

　ＰＤＣＡサイクルの「Ｃ」、Check です。

　内部統制活動が適切に行われているかをチェックしていきます。その中でリスクへの対応策が機能しているかを検証して、改善点を検討します。

　従来の自己検査などでは、検査員が再度書類の中身をチェックしてその事務処理が適切であったかどうかを見ていましたが、モニタリングでは、リスクへの対応策が確実に行われているかどうかを主眼にし、それが適切に機能している（不正が起きなかった）ことを確認します。

　内部統制活動に改善すべき点が見出されれば、それをフィードバックして次の Plan に繋げていきます。これが、ＰＤＣＡの「Ａ」、Action です。

【不正防止の仕組みを PDCA サイクルで回す】

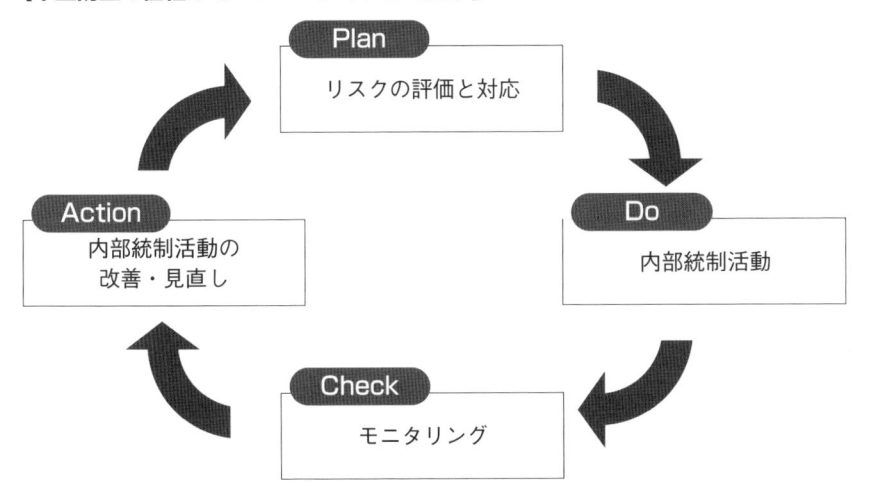

3 自治体の内部統制で変わること

ここがポイント
　内部統制は、自治体の最大の利害関係者である住民の利益を守る仕組みです。また、報告書により、不正がなく、利益が守られていることが確認できます。

内部統制が目指すもの

　内部統制は元々投資家（株主）の利益保護のための制度です。株主が投資するのは自らの財産を適切に運用する（増大させる）ためです。すなわち、どの企業（株式会社）に投資すると一番配当が多く得られるかが重要な情報となります。この情報の基になるのが企業の財務計算書（決算書）になります。したがって、株式会社の決算書に不正（粉飾など）があると、誤った投資をしてしまい、自らの利益を損なうことになります。そこで、この前提となる株式会社の利益が決算書に適切に表示されていることを保証するのが内部統制の目的となります。また、投資した財産が、経営者や社員の故意や不注意によって毀損しないように、保護する仕組みでもあります。

　自治体の場合は、投資家（株主）の利益保護を住民の利益保護と読み替えることができます。住民サービスの提供にかかる支出額や税収などの収入額が決算書に適切に記載されていることを、内部統制が保証することになります。また、内部統制が機能することにより、住民の財産である現金預金やインフラ投資、建物などの公有財産が不正に使われないための仕組みができ上がるのです。

　住民のみなさんは、地方自治法の規定による内部統制の方針の公表により、内部統制活動がどのように行われているかを知ることができます。また、同じく内部統制を評価した報告書により、内部統制が適切に行われていることを確認することができるのです。

内部統制って何？

千穂　内部統制って今までの決裁の仕組みとどこが違うんですか。

太一　今までの決裁や検査の仕組みも不正を防ぐという点では同じように機能するよ。物品の購入に関していえば、次のような流れになっている。予算の執行課の担当者が仕様や購入数量、納期、購入方法（競争入札など相手方の決め方）の案を作って、課長の決裁を受ける。決裁権者である課長は事業内容や予算に照らしてその購入の妥当性を判断して購入を決定する。決裁が下りた後、担当者はその案に則って入札などの手続をとる。そして納入業者と購入金額が決定され、納品され検査員の検査を受ける。

千穂　担当者が一人で好きなように物品購入できる訳ではない、ということですね。

太一　課長のチェックや検査員のチェックが入っているからね。

千穂　内部統制の場合はこれとは違うんですか。

太一　内部統制では、予め購入の手続についてリスクを評価することになる。

千穂　リスク……ですか。

太一　物品購入では、予算超過リスク、仕様不適合リスク、納期遅延リスク、販売業者との癒着リスクなど色々なリスクが考えられるね。そういうリスクが顕在化しないように事務処理の流れに沿ってチェックポイントを決めていく。そして実施すべきチェック方法を定めておく。これがリスクの評価になる。チェック方法自体は今までやっていた方法と大きく変わらないよ。

千穂　リスクを評価するところが新しいんですね。

太一　リスクの評価により、事務処理をフローチャートにしたり、文書

化することによって「見える化」することが大事なんだ。

千穂 「見える化」すれば内部統制になるんですか。

太一 「見える化」した上で、リスクの評価で定めたチェック手続を実際にやらなければリスクの顕在化を防げない。この実際のチェック手続を実施することを統制活動っていうんだ。

千穂 統制活動によって、リスクを回避するんですね。

太一 そして内部統制の仕組みで今までと違うのは、その統制活動をモニタリングするところなんだ。

千穂 モニタリングですか。誰が何をモニタリングするんですか。

太一 内部統制を統括する課のモニタリング担当者が、チェックなどの統制活動が決められたとおりに実施されているか、そのチェックによりリスクが回避されているか、などをモニタリングする。

千穂 モニタリングによって何が分かるんですか。

太一 モニタリングは内部統制では重要な役割を担っているんだ。ＰＤＣＡサイクルって聞いたことあるかな。

千穂 Plan（計画）、Do（実施）、Check（検証）、Action（改善）ですか。

太一 内部統制はＰＤＣＡサイクルを回すことで効果的に不正を防ぐことができる。リスクの評価が Plan、統制活動が Do、モニタリングが Check。そしてその Check の結果によって統制活動の改善を図り、次のリスク評価に繋げていくことになる。これが Action。

千穂 モニタリングによってＰＤＣＡサイクルが回るようになるんですね。

太一 今までの不正防止は Do の部分しかなかったけど、内部統制の仕組みによって常に進化させ続け、より効果的な不正防止が可能になるんだ。

決算審査意見書 主要な施策の成果　様式例　資料

本書第2章中の決算書一覧に含まれる「決算審査意見書」「主要な施策の成果を説明する書類」の例を示しました。形式は法令で定められていませんので、一例として参考にしてください。

【1 決算審査意見書例】

○○市　決算審査意見書

第1　審査の概要

1　審査の対象

　令和×1年度○○市歳入歳出決算（一般会計及び特別会計）を対象とした。

2　審査の期間

　令和×2年8月○日から令和×2年9月△日まで

3　審査の手続

　この決算審査に当たっては、市長から提出された歳入歳出決算書、歳入歳出決算事項別明細書、実質収支に関する調書及び財産に関する調書について、決算計数及び執行状況の確認・分析を行い、財政、資金運用、財産管理及び主要事業の各状況について、それぞれの関係諸帳簿及び証拠書類との照合その他必要と認める審査手続を実施した。

第2　審査の結果

1　決算係数について

　審査に付された一般会計及び特別会計の歳入歳出決算書、歳入歳出決算事項別明細書、実質収支に関する調書及び財産に関する調書の計数は、それぞれの関係諸帳簿及び証拠書類と照合審査した結果、誤りのないことを確認した。

2　予算執行について

　予算の執行等に当たっては、関係法令及び予算議決の趣旨に沿って、おおむね適正に行われているものと認めた。

　以下、会計別の執行状況について述べる。

　（1）一般会計について

　一般会計は、市税を主な財源として、教育・社会福祉・保健衛生の事業、消防の運営、住宅・道路・公園の建設管理など○○市が行う行政の大部分を経理する中心的な会計である。

　令和×1年度の決算規模は、

　　　歳入　　132億9,162万余円

　　　歳出　　129億8,714万余円

　　　差引　　　3億　447万余円

となっており、これを前年度と比べると、歳入では、1億7,057万余円（1.3％）、歳出では、2億1,709万余円（1.7％）、それぞれ増加している。

　また、予算と決算を比較すると、歳入は、予算現額132億5,576万余円に対して、決算額132億9,162万余円で、3,585万余円の増となり、収入率は100.3％である。歳出は、予算現額132億5,576万余円に対して、決算額129億8,714万余円、翌年度繰越額8,077

万余円、不用額1億8,785万余円で、執行率は98.0%である。

　歳入・歳出の各款別の執行状況は、次のとおりである。

ア　歳入

（ア）市税

　市税は、前年度と比べると1億5,208万余円（2.2%）増加している。これは、景気の回復を受けて、市民税を中心に税収が増加したためである。

　予算と決算を比較すると、予算現額68億2,771万余円に対して決算額70億6,513万余円で、2億3,741万余円の増となり、収入率は103.5%である。これは、主に市民税が予算現額を上回ったことによる。

（イ）地方譲与税

　　（……）

イ　歳出

（ア）議会費

　　（……）

（ク）土木費

　土木費は、前年度と比べると1,640万余円（1.1%）減少している。これは、都市計画費などで用地買収の遅れなどにより翌年度繰越額が増加したためである。

　予算と決算を比較すると、予算現額16億5,316万余円に対して、決算額14億7,534万余円、翌年度繰越額6,235万余円、不用額1億1,547万余円で、執行率は89.2%である。これは、用地買収の遅れなどによる翌年度繰越額及び入札差金による工事費の不用額によるものである。

（ケ）消防費

　　（……）

（2）特別会計

　　（……）

3　審査意見

　次のとおり、審査意見を述べる。

（1）収入未済額の増加

　市税において、収入未済額の増加が認められた。前年度と比べると1,793万余円（5.5%）増加している。これは、令和×0年度までの景気回復に伴い市民税の課税額が増加したものの、令和×1年度に入ってから景気回復が減速していることによるもの……。引き続き積極的な収納対策に努められたい。

138

【決算審査意見書付表】

一般会計歳入歳出

歳　入

款	収入済額		
	×１年度	×０年度	△９年度
	円	円	円
1　市税	7,065,135,863	7,049,927,827	7,307,139,124
2　地方譲与税	496,719,435	501,010,748	536,414,077
…			
9　地方交付税	283,568,000	265,607,542	230,262,282
10　交通安全対策特別交付金	8,600,000	8,700,000	8,900,000
11　分担金及び負担金	186,478,532	191,218,364	193,462,529
12　使用料及び手数料	56,544,821	55,801,749	59,445,775
13　国庫支出金	1,896,500,547	1,949,468,205	1,845,563,008
14　県支出金	593,259,214	579,364,083	571,816,110
15　財産収入	266,727,463	308,385,408	323,934,252
16　寄附金	75,702,324	71,403,180	124,612,879
17　繰入金	1,047,551,000	993,000,000	909,000,000
18　繰越金	451,515,327	433,506,808	449,090,240
19　諸収入	445,400,415	456,346,985	378,774,058
20　市債	507,890,000	483,400,000	505,300,000
歳　入　合　計	13,291,621,631	13,274,564,579	13,370,612,887

歳　出

款	支出済額		
	×１年度	×０年度	△９年度
	円	円	円
1　議会費	123,779,255	125,461,863	126,511,912
2　総務費	1,312,960,421	908,388,168	949,700,124
3　民生費	3,581,443,549	3,467,419,319	3,383,508,313
4　衛生費	991,314,542	943,543,922	989,039,751
…			
8　土木費	1,475,340,402	1,476,980,461	1,609,086,459
…			
12　公債費	1,271,656,866	1,232,616,360	1,208,684,408
13　諸支出金	744,746,380	729,507,159	705,519,496
14　予備費	0	0	0
歳　出　合　計	12,987,143,372	12,370,053,315	12,568,637,792

決算　年度比較表

指　数			構成比		
×1年度	×0年度	△9年度	×1年度	×0年度	△9年度
			%	%	%
96.69	96.48	100	53.15	53.11	54.65
92.60	93.40	100	3.74	3.77	4.01
123.15	115.35	100	2.13	2.00	1.72
96.63	97.75	100	0.06	0.07	0.07
96.39	98.84	100	1.40	1.44	1.45
95.12	93.87	100	0.43	0.42	0.44
102.76	105.63	100	14.27	14.69	13.80
103.75	101.32	100	4.46	4.36	4.28
82.34	95.20	100	2.01	2.32	2.42
60.75	57.30	100	0.57	0.54	0.93
115.24	109.24	100	7.88	7.48	6.80
100.54	96.53	100	3.40	3.27	3.36
117.59	120.48	100	3.35	3.44	2.83
100.51	95.67	100	3.82	3.64	3.78
99.41	99.28	100	100	100	100

指　数			構成比		
×1年度	×0年度	△9年度	×1年度	×0年度	△9年度
			%	%	%
97.84	99.17	100	0.95	1.01	1.01
138.25	95.65	100	10.11	7.34	7.56
105.85	102.48	100	27.58	28.03	26.92
100.23	95.40	100	7.63	7.63	7.87
91.69	91.79	100	11.36	11.94	12.80
105.21	101.98	100	9.79	9.96	9.62
105.56	103.40	100	5.73	5.90	5.61
－	－	－	－	－	－
103.33	98.42	100	100	100	100

【2 主要な施策の成果を説明する書類】

〇〇市　主要な施策の成果

第1　総論

1　市の概況と主要な施策

（1）概況

　〇〇市は、県の南西部に位置し、面積約 95.36 平方キロメートル、人口約 15 万 6 千人（令和×1 年 10 月 1 日現在）で、県内では面積規模で第 5 位、人口規模で第 4 位となっている。交通網は、南北に JR ××線が走っており、市内に△△駅と〇〇駅の 2 つの駅が設置されている。また、JR 線と並行して国道××号線が走っており、JR 線と合わせて市民の主要な交通手段となっている。

　〇〇市の主要な産業は、……。

　こうした中、令和×0 年に策定した〇〇市 5 ヵ年計画を着実に実行し、経済対策にも積極的に取り組んできたところである。

（2）5 ヵ年計画の主な内容

Ⅰ　市民の能力が発揮できるまちづくり

- 若年世代からシニア世代まで、男女を問わず、すべての市民の能力を……。

Ⅱ　児童生徒の力を引き出す学びの場づくり

- 次世代を担う子どもたちの力を最大限に引き出す教育環境の整備を……。

Ⅲ　自然や歴史を活かした魅力あるまちづくり

- 豊富な自然環境や江戸時代から続く歴史と伝統のある街並みを活かして……。

（3）令和×1 年度における主要な施策

ア　経済対策

- 地場産業の振興のための……。
- 雇用創出のための……。
- 若年者、女性の就業支援のための……。
- （……）

イ　福祉対策

- 高齢者社会に対応した……。
- 障がい者が暮らしやすい……。
- （……）

ウ　（……）

2　市の財政

（1）歳入歳出予算の概況

　令和×1 年度の一般会計予算は、最終予算ベースで x,xxx,xxx 千円であり、前年度と

比較して 1.3％減少した。（……）

（……）

（2）地方債の状況

（……）

（3）基金の状況

（……）

第2　総務部門における主要施策

1　総括

（……）

第10　都市計画部門における主要施策

1　総括

　都市計画部門では、「個性と魅力あるまちづくり」、「環境にやさしいまちづくり」、「安心安全に暮らせるまちづくり」を基本的な考えとして、「中心市街地の整備」、「住環境の整備」などを行った。（……）

2　主要施策の概要

（1）中心市街地の整備

　中心市街地の活性化を図るため、……。

（2）住環境の整備

　住みやすいまちづくりを進めるため、○○公園をはじめとする 95 箇所の都市公園の整備及び管理を行い、……。

（3）（……）

　（……）

3　個別の施策の成果

（1）中心市街地の整備

（……）

（2）住環境の整備

ア　（……）

イ　公園の整備

市が管理する都市公園数及び面積

	×1年度	×0年度	△9年度	……	……
公園数	95	94	94		
面積（ha）	87.54	85.12	85.12		

（ア）○○公園の整備

　令和×1年度には、新たに○○公園を設置し、市民の利用を開始した。

○○公園　面積 xx ha　総工事費　xx,xxx 千円

　　　　　　主な施設　テニスコート　x 面　こども広場　アスレチック広場

……

（イ）公園の管理

95 公園すべてで、指定管理者による管理運営を行った。

公園名	指定管理者	期間	2×年度委託料
○×公園	○○△造園（株）	×０年７月１日から×５年６月30日まで	x,xxx 千円
○△公園	○○△造園（株）	×０年７月１日から×５年６月30日まで	x,xxx 千円
○○スポーツ公園	（株）××工業	×０年７月１日から×５年６月30日まで	xx,xxx 千円
△△自然公園	（財）○○環境協会	×０年７月１日から×５年６月30日まで	x,xxx 千円
……	……		

有料施設の利用者数及び稼働率は次のとおりである。

公園名	有料施設	利用者数	稼働率
○○スポーツ公園	テニスコート	8,689人	59.6%
	サッカー場	11,846人	30.4%
	野球場	24,321人	29.3%
	（……）		
（……）			

（……）

第12　教育部門における主要施策

1　総括

　教育部門では、「児童生徒の力を引き出す学びの場づくり」、「安心安全にすごせる学校づくり」、「市民に開かれた生涯学習」を基本的な考えとして、「小中学校の整備」、「地域教育センターの整備」などを行った。（……）

2　主要施策の概要

（1）小中学校の整備

　児童生徒の力を引き出す場である学校の整備として、教室の……。また、学校の安心安全対策として、体育館の耐震工事及び……。

　（……）

3　個別の施策の成果

（1）小中学校の整備

児童生徒数の推移

	×1年度	×0年度	△9年度	……	……
小学校児童数（人）	7,184	7,205	7,263		
中学校生徒数（人）	3,607	3,549	3,658		

ア　小学校特別教室空調設備設置事業

　市立小学校14校の音楽室などの特別教室への空調設備設置を行った。これは、△9年度から3箇年度にわたって行い、最終年度の×1年度ですべての特別教室への設置が完了した。

	×1年度	×0年度	△9年度	合計
設置教室数	34	33	28	95
整備率	35.8%	34.7%	29.5%	100.0%

イ　（……）

　（……）

（3）地域教育センターの整備

ア　東部地域教育センターの整備

　老朽化している東部地域教育センターの建替えのため、実施設計を行った。

（ア）施設概要

　鉄骨鉄筋コンクリート造　地上2階地下1階

　延べ床面積　1,207㎡

　（……）

（イ）実施設計委託料

　xx,xxx千円

　（……）

イ　管理運営

　市民の生涯学習の拠点となる各地域教育センターにおいて、次のとおり講座を開設した。

　（……）

さくいん

さ行

た行

な行・は行

〔著　者〕　磯野　隆一（いその・たかかず）

〔経　歴〕　1963 年生まれ。1986 年埼玉大学教養学部卒業。同年埼玉県庁入庁。入庁以来一貫して、特別会計の予算決算や病院事業会計の財務、出向先の公益法人経理等を含む会計事務に携わる。会計管理課決算担当、監査事務局財政的援助団体等監査担当、福祉監査課障害施設監査担当を経て、現在、学事課検査指導担当。

2005 年米国公認会計士試験合格。AICPA（米国公認会計士協会）会員。JUSCPA（日本における米国公認会計士の団体）会員。

一番やさしい自治体決算の本〈第1次改訂版〉

初版発行	2012 年 9 月 7 日
3 刷発行	2017 年 4 月 7 日
第 1 次改訂版	2019 年 10 月 15 日

著　者 ——————————————————————— 磯野隆一　(いその たかかず)
発行者 ——————————————————————— 佐久間重嘉
発行所 ——————————————————————— 学陽書房

〒 102-0072　東京都千代田区飯田橋 1-9-3
営業● TEL 03-3261-1111　FAX 03-5211-3300
編集● TEL 03-3261-1112
振替● 00170-4-84240
http://www.gakuyo.co.jp/

カバーデザイン ————————————————————— 佐藤　博
DTP 制作・印刷 ————————————————————— 東光整版印刷
製　本 ——————————————————————— 東京美術紙工

★乱丁・落丁本は、送料小社負担にてお取り替え致します。
© Takakazu Isono 2019, Printed in Japan
ISBN978-4-313-16651-6 C2033